ワードマップ

ゲーム理論
人間と社会の複雑な関係を解く

佐藤嘉倫

新曜社

はしがき

　本書はゲーム理論を初めて学ぶ人のための入門書である。ただし、あらかじめ断っておくと、私はゲーム理論の専門家ではない。ゲーム理論を使った研究はしてきたが、ゲーム理論の最先端で研究をしてきたわけではない。その意味では、ゲーム理論の開発者ではなくユーザーである。ゲーム理論の専門家による優れた教科書が数多く出版されているのに、このような素人がさらに教科書を出版するのはずうずうしいにもほどがある。しかし素人がゲーム理論の入門書を書くことには、それなりのメリットもある。それは、ゲーム理論を学ぶ上で初心者がつまずきやすい箇所をよく知っている、ということである。ゲーム理論を専門とする人たちはゲーム理論のきちんとした教育を受けて、優れた理解力を発揮してゲーム理論を修得してきたと思われる。だからこそゲーム理論の最先端を切り拓いてきたのだ。一方、私はシカゴ大学で客員研究員をしていたときに、1コマだけゲーム理論入門の講義を聴講しただけで、後は独学でゲーム理論を勉強した。そのため、さまざまなところでつまずいてきた。本書では、そのような初心者が分かりにくいところ（より感覚的に言えば、しっくりこないところ）に注意して、ゲーム理論の考え方を理解するためのコツや勘所を丁寧に説明したつもりである。

　初級レベルのゲーム理論で分かりにくいのは、数学的なむずかしさよりも、ゲーム理論固有の考え方である。逆に言えば、その考え方のコツさえ飲み込めば、理解は格段に進む。たとえば、ゲーム理論の最重要概念に「ナッシュ均衡」がある。その定義は、「『その状態から自分だけ戦略を変えても自分の利得が等しいか小さくなる』ことがすべてのプレーヤーに当てはまる戦略プロファイル」というものである。初心者にはほとんど呪文である。しかしこの呪文の意

味をきちんと理解できれば、なぜ、ある状態がナッシュ均衡であることを証明するためには、すべてのプレーヤー（ゲームに参加する人々）がそこから自分だけ戦略（自分が選べる選択肢のこと）を変える誘因を持たないことを示さなければならないのか、なぜ、ある状態がナッシュ均衡ではないことを証明するためには、自分だけ戦略を変えるという誘因を持つプレーヤーが1人いることを示せばよいのか、ということが理解できる。本書では、初心者がつまずきやすいゲーム理論固有の考え方をできるだけ丁寧に解説している。

　本書を読む際の注意点が3つある。第1に、初めから順番に読んでいっていただきたい。後ろの項目は前の項目で出てきた概念や考え方を用いているので、飛ばし読みをすると論理の流れが分からなくなってしまう。いったん通読された後は、1つ1つの項目はそれでまとまったものになっているので、必要な項目だけを拾って読まれても大丈夫である。第2に、本書で扱っているゲームはすべて非協力ゲームと呼ばれるものである。非協力ゲームとは、プレーヤーが互いの戦略選択を拘束することができないゲームのことである。これに対して、協力ゲームとは、プレーヤーが戦略選択に関して事前に交渉し、その交渉結果が拘束力を持つゲームである。本書では、この協力ゲームは扱わない。協力ゲームが重要ではないというわけではなく、単に私がユーザーとして協力ゲームを用いていないからである。使っていないものを説明することはできない。協力ゲームに関心のある読者には、本書最後の読書案内で紹介している教科書をお薦めする。第3に、分かりやすさを優先させたために、必ずしも理論的に、または数学的に厳密に記述していない箇所もある。それらについては、本書よりも進んだ教科書や専門書を読んだときに、「ああ、あそこはこういうことだったのか」とより深い理解をしていただければと思う。

　本書は4部構成である。第Ⅰ部「ゲーム理論の基礎概念」では、

まずゲーム理論の基本的な考え方とプレーヤーが同時に戦略を選ぶ戦略形ゲームについて解説する。そして応用例として、囚人のジレンマ、社会的ジレンマ、公共財供給問題といった現実の社会問題につながるゲームを紹介する。

第Ⅱ部「展開形ゲーム」では、プレーヤーが順番に手を選ぶ展開形ゲームについて解説する。そして、その応用例として、信頼する人と信頼される人からなる信頼ゲームと市場を占める2つの企業が順番に生産量を決める複占ゲームを紹介する。さらに、同じプレーヤーが同じゲームを繰り返す状況を展開形ゲームの発想を用いて検討する。

第Ⅲ部「不完備情報ゲーム」では、相手がどういうタイプのプレーヤーなのかよく分からないけれども戦略を選択しなければならない状況を扱う。応用例として、第Ⅱ部第12項で紹介した信頼ゲームを「信頼される人が信頼に応えるタイプか裏切るタイプか分からない」状況として再定式化して分析する。また「デートに誘いたい女性がジャズ好きかクラシック好きか分からない」状況で男性が女性をジャズクラブに誘うかクラシックコンサートに誘うかという問題を検討する。さらに、信頼ゲームで信頼される人が自分が信頼に値する人間であるというシグナルを送るというシグナリングゲームについても解説する。

第Ⅳ部「進化ゲーム」では、社会の中に無数の人々がいるときに人々のとる戦略が時間的にどう変化するか検討する。すべての人が同じ戦略をとっているときに別の戦略を持った人々がその社会に入り込むことができるのか、入り込めないとしたら、そのような社会全体を占める戦略はどのようにして社会の中に広まっていったのか、また突然変異のようなエラーが生じる場合、社会はどこに落ち着くのか。このような問題を検討する。

最後の第26項では、ゲーム理論による社会科学的研究の意義について解説する。本書で解説するゲーム理論的モデルは現実に比べて非常に単純なモデルである。そのようなモデルを構築して分析する

ことで、現実の社会の解明にどのように貢献できるのか。この項ではこの疑問に答える。

　読書案内では、本書を読み終えてさらにゲーム理論を学ぼうという人に、参考になる文献を紹介する。

　本書を書き終えるまでには実に多くの人のお世話になった。東京大学の石田淳さんは、シカゴ大学で私が聴講していたゲーム理論の講義のティーチング・アシスタントで、生半可な知識しかない私に手取り足取りゲーム理論の基礎を教えてくれた。シカゴから帰って私が東北大学で立ち上げたゲーム理論研究会では、英語の中級教科書を輪読するなどして、ゲーム理論の勉強を進めることができた。また帝京大学の大浦宏邦さんを代表とする進化ゲーム理論研究会では、若く優秀な友人たちの報告を聞いて、門前の小僧よろしく進化ゲーム理論の基本的な考え方を教えてもらった。私の所属する行動科学研究室の三上暁美さんには本書執筆のための文献収集などで支援してもらった。本書の編集を担当された塩浦暲さんは、さまざまな事情で遅々として執筆が進まない私を辛抱強く待ってくれた。また丹念に本書の草稿に目を通して、より読みやすいものにしてくれた。塩浦さんの支援がなければ、本書は存在しなかっただろう。

2008年8月12日

佐藤嘉倫

目　次

はしがき

I　ゲーム理論の基礎概念

1　ゲーム理論の考え方——勝者かチキンか …………… *2*
2　ナッシュ均衡——ゲームの解 …………………………… *7*
3　純粋戦略と混合戦略——戦略概念の拡張 ……………*14*
4　混合戦略ナッシュ均衡——最適な反応は？ …………*18*
5　離散型戦略と連続型戦略——戦略を連続的に変化させる ……*26*
6　囚人のジレンマ——自白か、黙秘か ……………………*32*
7　社会的ジレンマ——ジレンマを集団に拡大すると ………*40*
8　公共財供給問題——ただ乗りをどうするか ……………*45*

II　展開形ゲーム

9　展開形ゲーム——相手の行動を見てから手を選ぶ …………*52*
10　部分ゲーム完全ナッシュ均衡——部分ゲームを切り出す ……*60*
11　信用できない脅し——銀行強盗は爆弾を爆発させるか………*66*
12　信頼ゲーム——信頼か裏切りか ……………………………*72*
13　展開形ゲームによる複占の分析——市場支配の戦略 ……*76*
14　繰り返しゲーム——囚人のジレンマゲームを繰り返すと………*81*
15　無限回繰り返しゲーム——無限の繰り返しの分析法 ………*87*

III 不完備情報ゲーム

- 16 不完備情報ゲーム——腹の探り合い ……………………*98*
- 17 完全ベイジアン均衡——戦略と信念の相互連関 ……………*103*
- 18 デートの不完備情報ゲーム——彼女はデートに現れるか ………*110*
- 19 信頼の不完備情報ゲーム——相手は信頼できるか、裏切るか ……*114*
- 20 シグナリングゲーム——相手を信頼させる ……………*119*
- 21 信用できない脅し再考——完全ベイジアン均衡の必要性 ……*130*

IV 進化ゲーム

- 22 進化ゲーム理論——戦略の分布とその変化 ……………*136*
- 23 進化的安定戦略——侵入者への耐性 ……………………*140*
- 24 レプリケーター・ダイナミクス——自己複製子の世代変化 ………*149*
- 25 確率進化ゲーム理論——「揺らぎ」を考慮したモデル ………*156*

- 26 ゲーム理論の効用と応用——複雑な現実をモデル化する ……*165*

引用文献 …………………………………………………………*171*
読書案内 …………………………………………………………*175*
人名索引 …………………………………………………………*181*
事項索引 …………………………………………………………*183*

装幀＝加藤光太郎

I ゲーム理論の基礎概念

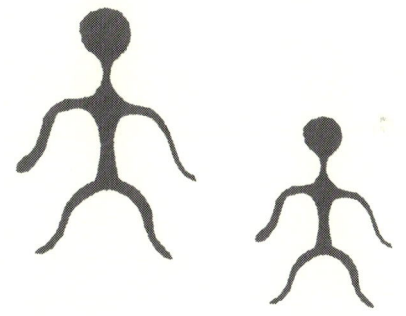

1　ゲーム理論の考え方

——勝者かチキンか

　ゲーム理論の基本的な考え方は「うまくやりたいけれど、相手もいることだし……」ということである。言い換えれば、相手の出方を考えながら、自分の手を選ぶ、ということである。ゲームには、試合や遊び、競争、企てなどいろいろな意味があるが、とりあえず、ここでは2人、あるいはそれ以上の人びととの間のかけひき状況のことと理解しておけばよいだろう。このような状況では、人びとの行動が相互に依存していて、自分の行動の結果は相手がとる行動によって変わってくる。ゲーム理論は、こういう状況をうまく分析するためのツールなのである。

　たとえば、将棋や囲碁、あるいはサッカーや野球などのスポーツを考えてみると分かりやすいだろう。これらのゲームでは、ゲームに参加する人（プレーヤーと言う）が2人以上いる（チームプレーの場合は、2チーム以上）。そして、プレーヤーは自分の番になったときに何らかの手（戦略）を選ぶ。ジャンケンのようにプレーヤーが同時に戦略を選ぶゲームもあれば、将棋のように交互に選ぶゲームもある。

　まず、同時に戦略を選ぶゲームのことを考えてみよう。**チキンゲーム**をご存知だろうか。このゲームは次のようなものである。2人

の少年（少年Aと少年B）が直線道路の両側から全速力で車を走らせる。2人とも直進すれば衝突してしまう。この恐怖のために一方の少年が曲がれば、彼は弱虫（チキン）と呼ばれて負けになる。もう1人の少年はゲームに勝つ。また2人とも曲がれば、ゲームは引き分けである。

このゲームで2人の少年がとることのできる戦略は、「直進」か「曲がる」かのどちらかである。したがって、少年Aの戦略、少年Bの戦略の順序で、2人の少年がとりうる戦略の組み合わせを全部あげてみると、

　　（直進，曲がる）
　　（曲がる，直進）
　　（曲がる，曲がる）
　　（直進，直進）

の4つとなる。このような戦略の組み合わせを、ゲーム理論では**戦略プロファイル**と呼ぶ。

それぞれの戦略プロファイルは、ゲームの特定の結果に対応している。

　　（直進，曲がる）　　——少年Aの勝ち
　　（曲がる，直進）　　——少年Bの勝ち
　　（曲がる，曲がる）——引き分け
　　（直進，直進）　　　——引き分け、ただし、2人とも大怪我

[(曲がる, 曲がる) とは異なる結果]

　2人の少年はこれらの戦略プロファイルに応じた**利得**を得る。利得というのは、何らかの利益をさす。金銭や物的な利益には限られず、心理的な利益も含まれる。たとえば利得はゲームの賞金のこともあれば、ゲームを見ている仲間からの称賛のこともある。これらを総称して利得と呼ぶのである。経済学の基礎概念である「効用」と同じと考えてもよいだろう。

　さて、チキンゲームに戻ろう。少年Aにとっては、ゲームに勝つ（直進, 曲がる）がもっとも望ましい。次は引き分け（曲がる, 曲がる）だろう。ゲームに負ける（曲がる, 直進）は引き分けよりも望ましくないが、大怪我をする（直進, 直進）よりはましだろう。そこで便宜的に、それぞれの場合に対応して、少年Aは4、3、2、1の利得を得るとしよう。同じように考えて、少年Bはゲームに勝つ（曲がる, 直進）ときに4の利得を得て、引き分け（曲がる, 曲がる）で3、ゲームに負ける（直進, 曲がる）で2、大怪我をする（直進, 直進）で1の利得を得るとしよう。

　言葉でこのように書くと分かりにくいので、戦略と利得をあわせて表にすると分かりやすい。このような表は、**利得行列**と呼ばれる。このチキンゲームの利得行列は下のようになる。

　行の左側と行の上部に2人の少年の戦略がある。そしてその戦略を組み合わせたセルに2人の利得がある。各セルの左側の数字が少年Aの利得であり、右側の数字が少年Bの利得である。この行列によって、プレーヤー、戦略、戦略プロファイル、利得の対応関係が

チキンゲームの利得行列

		少年B	
		直進	曲がる
少年A	直進	1, 1	4, 2
	曲がる	2, 4	3, 3

分かりやすく表現される。

さて、このゲームで、プレーヤーである2人の少年はどの戦略を選ぶだろうか。ゲーム理論では、プレーヤーは自分の利得をできるだけ高くするように戦略を選ぶと仮定する。たいていの人間はそうするだろうから、これは行動に関するごく自然な仮定だろう。少年Aに注目すれば、彼は4の利得を得たいと思っている。したがって、(直進, 曲がる)という戦略プロファイルが実現するように自分の戦略を選ぼうとするだろう。もし彼がこの戦略を選択するだけで実際にこの戦略プロファイルが実現するのならば、話は簡単である。

しかし、ここに「相手もいることだし……」という冒頭で述べた事情がからんでくる。(直進, 曲がる)という戦略プロファイルが実現するためには、少年Aが「直進」を選択し、少年Bが「曲がる」を選択しなければならない。少年Bが「曲がる」を選択するなら、少年Aは喜んで「直進」を選択するだろう。しかし少年Bもやはりゲームに勝ちたいと思っている。わざわざ「曲がる」を選ぶだろうか。確かに、少年Aが「直進」を選ぶと確実に予測しているならば、少年Bは「曲がる」を選ぶだろう。なぜなら、自分も「直進」を選べば、(直進, 直進)という戦略プロファイルが実現してしまい、1の利得しか得られない——つまり大怪我を負うからだ。「曲がる」を選べば、(直進, 曲がる)という戦略プロファイルが実現し、少なくとも2の利得が得られる。したがって、この場合は、少年Bは「曲がる」を選ぶだろう。しかし少年Aが確実に「曲がる」を選択すると予測するならば、彼は「直進」を選ぶだろう。

このように、チキンゲームは一見単純に見えるが、相手の戦略選

択に対する予測と自分の戦略選択とが複雑に絡み合っている。しかも相手も同様の状況に直面している。そしてこういう複雑性[*1]はチキンゲームだけに限らない。勝負事やスポーツ、さらには友人関係、恋愛関係、労使関係、外交関係などなど、人間や組織、国家が相互に依存しあいながら選択をする状況は、すべてそうである。ゲーム理論は、そのような状況のすべてを扱う。人間社会におけるあらゆるゲーム状況が、ゲーム理論によって表現できるのである[*2]。

　ただし、表現するだけでは十分でない。このような状況で「話がどこに落ち着くのか」を知る必要がある。いったいチキンゲームでは少年Aが勝つのだろうか、それとも少年Bが勝つのだろうか。はたまた2人とも「直進」を選び、大怪我をしてしまうのだろうか。「話がどこに落ち着くのか」を言い換えると、「どの戦略プロファイルが実現するのか」という問いになる。この問いに答えることがゲーム理論の最大の目的である。そしてこの目的にとって大変有効な概念が、**ナッシュ均衡**である。次項では、この概念について解説しよう。

[*1] タルコット・パーソンズ流に「ダブル・コンティンジェンシー」と呼んでもよい。
[*2] ゲーム理論では、あらゆるゲームが「プレーヤー」「戦略」「利得」の3つの構成要素からなると見なして、その間の関係を分析する。

2 ナッシュ均衡

――ゲームの解

　ゲーム理論の中でもっとも重要な概念である**ナッシュ均衡**は、ジョン・ナッシュ[*1]が考案した概念である。彼を題材にした映画『ビューティフル・マインド』や、同名のノンフィクションによって彼の名前を知った読者も多いだろう。

　さて、**均衡**とは、バランスがとれていて変化しない状態をさしている。すなわち社会状態が均衡であるということは、変化しないことを表している。ナッシュ均衡は、ゲームに参加するプレーヤーが戦略を変えない状態に着目した概念である。正確に言うと、ナッシュ均衡とは、「『その状態から自分だけ戦略を変えても自分の利得が等しいままであるか小さくなる』ことがすべてのプレーヤーに当てはまる戦略プロファイル」のことである。自分だけ戦略を変えても利得が大きくならないならば、プレーヤーはわざわざ戦略を変えるようなことはしない。そしてすべてのプレーヤーが戦略を変えなければ、その戦略プロファイル（社会状態）は変化しないので、均衡である。この均衡を、考案者のナッシュにちなんでナッシュ均衡と呼ぶ。

　これは言い換えれば、もしある戦略プロファイルがナッシュ均衡でないなら、少なくとも１人、戦略を変えれば利得の高くなるプレ

[*1] John Forbes Nash, Jr. (1928年6月13日―) アメリカの数学者。専門分野はゲーム理論と微分幾何学。1994年、ゲーム理論の功績によって、ラインハルト・ゼルテン、ジョン・ハーサニとともにノーベル経済学賞を受賞した。

ーヤーがいるということである。ナッシュ均衡であればこのような不安定な状態ではない。したがって、ナッシュ均衡をゲームの解とすることができる。

ナッシュは、この概念を考案しただけでなく、ほとんどすべてのゲームでナッシュ均衡が存在することを証明した。このナッシュの定理は、ゲーム理論を用いる人びとの支えになっている。なぜなら、ゲームにナッシュ均衡がないならば、そのゲームはいつまでたっても安定しないからである。ほとんどのゲームはナッシュ均衡によって解くことができることを保証したナッシュの定理によって、ゲーム理論は、経済学や経営学、政治学、社会学などに幅広く応用されていくことになった。

さて、具体的にナッシュ均衡とはどういうものかを見ていこう。もう一度、前項で紹介したチキンゲームの利得行列を見てみよう。

少年Aから見ていこう。ここで、戦略プロファイルを表記するとき、(少年Aの戦略,少年Bの戦略)というように書いたことを思い出そう。

さて、(直進, 直進)という戦略プロファイルはどうだろうか。少年Aが「直進」から「曲がる」に戦略を変えれば、彼の利得は1から2に増える。したがって彼は戦略を変えようとするだろう。別の言い方をすると、彼には戦略を変更する誘因がある。したがって(直進, 直進)はナッシュ均衡ではない。同様に、(曲がる, 曲がる)も、「曲がる」から「直進」に戦略を変更すると、彼の利得は3から4に増えるので、彼には戦略変更の誘因があり、ナッシュ均衡ではない。

チキンゲームの利得行列

		少年B	
		直進	曲がる
少年A	直進	1, 1	4, 2
	曲がる	2, 4	3, 3

この事情は少年Bにとってもまったく同じである。彼にとっても、(直進, 直進)、(曲がる, 曲がる) の戦略プロファイルから自分だけ戦略を変更する誘因がある。

　それでは、(直進, 曲がる) という戦略プロファイルはどうだろうか。少年Aが「直進」から「曲がる」に戦略変更すると、彼の利得は4から3に下がってしまう。したがって彼には戦略変更の誘因がない。少年Bはどうだろうか。彼が「曲がる」から「直進」に戦略変更すると、彼の利得は2から1に下がってしまうので、やはり戦略変更の誘因はない。したがって、(直進, 曲がる) はナッシュ均衡である。また、(曲がる, 直進) もナッシュ均衡である。その証明は読者の練習問題としよう。

　ここで注意すべきことが2つある。第1に、ある戦略プロファイルがナッシュ均衡でないことを証明するためには、1人のプレーヤーでも戦略を変更する誘因があればよい。したがって(直進, 直進) がナッシュ均衡でないことを証明するために、少年Bも戦略を変更する誘因を持っているかどうかをチェックする必要はない。これに対して、ある戦略プロファイルがナッシュ均衡であることを証明するためには、すべてのプレーヤーが戦略変更の誘因を持っていないことを示さなければならない。このため、(直進, 曲がる) がナッシュ均衡であることを証明するために、少年Aと少年Bの両方について検討したのである。

　第2に、ナッシュ均衡は戦略プロファイルについて言っているのであって、利得の組について言っているのではない。したがってこの場合 (直進, 曲がる) はナッシュ均衡だが、この戦略プロファ

イルのもとで実現する利得の組（4, 2）をナッシュ均衡だと言うことはできない。ゲーム理論の初心者はこのことを間違いやすいので（戦略プロファイルと利得の組とを混同しやすいので）、注意する必要がある。

　練習のために、もう1つ別のゲームのナッシュ均衡を求めてみよう。それは**調整ゲーム**と呼ばれるものである。調整ゲームとは、プレーヤーが互いの戦略を調整して、全員が同じ戦略をとる戦略プロファイルの方が、異なる戦略をとる戦略プロファイルよりも全員の利得が高くなるゲームである。具体例として、AとBが右ハンドルの自動車を運転していて、左側通行をするか右側通行をするかを決めなければならない状況であるとしよう。Aが左側通行をしてBが右側通行をすると衝突してしまうので、2人の利得は両方とも0としよう。同様にAが右側通行をしてBが左側通行をした場合の2人の利得も0とする。これに対して、AとBが同じ側を走れば、衝突することなく、2人の利得は0よりも大きくなる。ただし2人とも右ハンドルの自動車を運転しているので、お互い左側を走った方が、右側を走るよりも運転しやすい。そこで、2人とも左側通行する場合の2人の利得はともに2とし、右側通行する場合の利得を1とする。

　まとめると、利得行列は下のようになる。

　この調整ゲームのナッシュ均衡はどの戦略プロファイルだろうか。（左, 左）という戦略プロファイルを見てみよう。Aが「左」から「右」に戦略変更すると、利得は2から0になる。またBが「左」から「右」に戦略変更しても、やはり利得は2から0になる。この

調整ゲームの利得行列

		B 左	B 右
A	左	2, 2	0, 0
A	右	0, 0	1, 1

ため、2人とも戦略変更をする誘因を持たない。したがって、(左, 左)はナッシュ均衡である。もうお分かりのように、(右, 右)もナッシュ均衡である。これに対して、(左, 右)の戦略プロファイルの場合、Aが「左」から「右」に戦略を変更すれば、利得が0から1に増えるので、戦略変更の誘因がある。したがって(左, 右)はナッシュ均衡ではない。同様に、(右, 左)もナッシュ均衡ではない。したがってこのゲームの場合も、2つのナッシュ均衡を持つことになる。

以上で、ナッシュ均衡という概念の考え方と求め方が理解できただろう。次に、ナッシュ均衡の問題点について解説する。

ナッシュ均衡には、大きく2つの問題点がある。第1は、ナッシュ均衡概念は「ナッシュ均衡が存在するとすれば、それはどのようなものか」という問いには答えられるが、「どのようにしてプレーヤーはナッシュ均衡に落ち着くのか」という問いには答えられない。チキンゲームを例にとろう。少年Aが直進し少年Bが曲がったならば、つまり戦略プロファイル(直進, 曲がる)が実現していれば、それがナッシュ均衡であると言うことはできる。しかし、チキンゲームを開始した少年Aと少年Bがどのようにしてこのナッシュ均衡に到達したのかは分からない。この意味で、ナッシュ均衡はある戦略プロファイルが実現している状態に着目した、時間概念のない静的な概念である。どのようにして2人の少年が(直進, 曲がる)という戦略に到達したのかを理解するためには、後で解説する**進化ゲーム理論**の助けが必要になる[*2]。

第2の問題点は、あるゲームで複数のナッシュ均衡がある場

---

*2 「22 進化ゲーム理論」の項参照。

合、どのナッシュ均衡が実現するかは分からない、ということである。これは**複数均衡問題**と呼ばれる。チキンゲームで言えば、(直進, 曲がる) と (曲がる, 直進) のどちらが実現するかは分からない。調整ゲームの場合だと、(左, 左) と (右, 右) のどちらが実現するかは分からない。チキンゲームの場合、どちらのナッシュ均衡が実現するのか分かっていては、ゲームとして興ざめである。もし (直進, 曲がる) が実現すると分かっていたとすれば、負ける方の少年Bはそもそもゲームに参加しないだろう。したがって、チキンゲームの複数均衡は現実の不確実性を表していると考えられる。その意味では、大きな問題とは言えないだろう[*3]。

しかし調整ゲームの場合、日常的な直感から、(左, 左) の方が (右, 右) よりも実現しやすいと考えられる。この直感は、**パレート改善**や**パレート最適**という概念によって厳密に表現できる。

パレート改善とは、ある戦略プロファイルから別の戦略プロファイルに移行したときに、すべてのプレーヤーの利得が低くはならず、少なくとも1人のプレーヤーの利得が高くなることを言う。またパレート最適とは、それ以外の戦略プロファイルに移行すると(たとえ他のプレーヤーの利得が高くなっても)少なくとも1人のプレーヤーの利得が低くなる戦略プロファイルのことである。言い換えれば、それ以上プレーヤーの利得をパレート改善できない戦略プロファイルのことである。どちらの概念も、ナッシュ均衡と同じように、有名な経済学者だったヴィルフレド・パレート[*4]にちなんで付けられた名前である。

さて、調整ゲームで、(右, 右) から (左, 左) に移行すれば、

---

*3 複数均衡と現実の不確実性については、佐藤嘉倫, 1998『意図的社会変動の理論——合理的選択理論による分析』東京大学出版会. を参考にされたい。
*4 Vilfredo Frederico Damaso Pareto (1848年7月15日—1923年8月19日) イタリアの技師、経済学者、社会学者、哲学者。実証主義的な方法論に基づいて、経済学、社会学に多大な貢献をした。

AとBの利得はそれぞれ1から2に増加し、パレート改善されたことになる。また（左，左）から（左，右）や（右，左）に移行すると、2人の利得は2から0に減ってしまうし、（左，左）から（右，右）に移行すると、2人の利得は2から1に減ってしまう。したがって（左，左）はパレート最適である。

上述した日常的な直感は「パレート最適な（左，左）が実現するのが当然だ」ということになる。しかしナッシュ均衡は、この直感に答えることはできない。2つのナッシュ均衡（左，左）と（右，右）のどちらが実現するのかは分からない。この問題を解決するためには、やはり進化ゲーム理論の助けが必要になる。

3 純粋戦略と混合戦略

―― 戦略概念の拡張

　人びとが流行を追いかける現象をゲーム理論で考えてみよう。**流行現象**には、流行の最先端を行く**リーダー**とそのリーダーの真似をしようとする**フォロワー**の2種類の人びとがいる。

　このゲームはいろいろな名前で呼ばれているが、ここでは「ファッションゲーム」と呼ぶことにしよう。話を簡単にするために、ここではリーダー1人、フォロワー1人の状況を考える。リーダーをA、フォロワーをBとする。2人のプレーヤーの戦略は、「赤色の服を着る」と「青色の服を着る」の2つである。リーダーのAはBとは違う服を着たいと思っているが、フォロワーのBはリーダーのAと同じ服を着たいと思っている。したがって2人が同じ色の服を着る（赤，赤）と（青，青）の戦略プロファイルのもとでは、Aの利得は－1、Bの利得は1となっている。一方、2人が違う色の服を着る（赤，青）と（青，赤）の場合、Aの利得は1、Bの利得は－1となっている。

　このゲームは、下のような利得行列で表される。

　ただし、この1や－1という数字に特別な意味があるわけではない。4つの戦略プロファイルを比較した場合、Aにとっては（赤，青）と（青，赤）は同じくらいに望ましく、（赤，赤）と（青，

ファッションゲームの利得行列

		B（フォロワー）	
		赤	青
A（リーダー）	赤	－1, 1	1, －1
	青	1, －1	－1, 1

青)は同じくらいに望ましくない。このことを表すために、前者に1、後者に-1の利得を便宜的に割り当てただけである。したがって、たとえば前者に5、後者に3を割り当てても構わない。Bについても同じことが言える。またAと同じような利得の値をとる必要もないので、(赤, 青)と(青, 赤)には4、(赤, 赤)と(青, 青)には10の利得を割り当てても構わない。この場合の利得行列は下のようになる。

さて、どちらの利得行列でも結局は同じことなので、元のファッションゲームのナッシュ均衡を求めてみよう。まず戦略プロファイル(赤, 赤)はどうだろうか。Aが「赤」から「青」に戦略変更すると、利得が-1から1に増えるので、これはナッシュ均衡ではない。それでは(青, 赤)はどうか。今度は、Bが「赤」から「青」に戦略変更すると、利得が-1から1に増えるので、やはりナッシュ均衡ではない。同様に、(青, 青)ではAが「青」から「赤」に戦略変更をする誘因を持ち、(赤, 青)ではBが「青」から「赤」に戦略変更する誘因を持つ。したがってこれらの戦略プロファイルもナッシュ均衡ではない。つまりこのファッションゲームでは、ナッシュ均衡が存在しないことになる。

ところが、ナッシュ均衡の項で述べたように、ジョン・ナッシュはほとんどすべてのゲームでナッシュ均衡が存在することを証明した。しかしファッションゲームのような簡単なゲームでさえナッシュ均衡が存在しないならば、ナッシュの証明はあまり有効ではなくなってしまう。

この問題を解決する鍵は**混合戦略**である。

ファッションゲーム2の利得行列

		B (フォロワー)	
		赤	青
A (リーダー)	赤	3, 10	5, 4
	青	5, 4	3, 10

3 純粋戦略と混合戦略

これまで、チキンゲームでも調整ゲームでも、戦略は選択されるとそれが100％実行された。「直進」戦略をとっているのに、時々「曲がる」ということはないものとされていた。こういう戦略を**純粋戦略**と言う。

　これに対して混合戦略は、たとえばAの戦略「赤」と「青」に0.3と0.7の確率を割り当てたものである。より一般的には、「赤」に確率p、「青」に確率$1-p$を割り当てたものである[*1]。

　ここで注意すべきことは、混合戦略と純粋戦略は無関係ではない、ということである。むしろ大いに関係があり、純粋戦略は混合戦略の特殊ケースだと考えることができる。ファッションゲームの「赤」を例にとろう。この純粋戦略は、「赤い服を着る」ことを確実に実行することを意味する。言い換えれば、「赤」は、「赤」に1の確率を割り当て、「青」に0の確率を割り当てた混合戦略と言える。

　さて、純粋戦略は分かりやすい。「赤い服を着る」、「青い服を着る」というのは、直感的に分かりやすい。しかし「確率0.3で赤い服を着て、確率0.7で青い服を着る」という混合戦略は何を意味しているのだろうか。この疑問に対しては大きく2つの答えがある。

　第1は、プレーヤーが本当に純粋戦略に確率を割り当てている、というものである。リーダーのAはできるだけBに自分の真似をされたくない。そこで、1から10までの数字を書いたカードを作って、そこから1枚のカードを引き、2、6、7のカードだったら赤い服を着て、それ以外のカードだったら青い服を着るようにする。こうすることで、Bに真似されにくくなる。

　もう1つの答えは、戦略の確率は相手の戦略選択に関する予測の

[*1] 確率なので、すべての戦略（純粋戦略）に割り当てた確率の総和は1となる。

不確実性を表しているというものである[*2]。BはAの着る服を完全に予測することができない。しかし今までの経験から、10回に3回はAが赤い服を着ていて、10回に7回は青い服を着ていることが分かっている。そこで、BはAが確率0.3で赤い服を着て確率0.7で青い服を着るだろうと予測をする。このように解釈すると、Aの混合戦略は、Aが純粋戦略を混合化しているというよりも、BがAの戦略選択に対して形成する予測であると考えることができる。私は、この方が自然な解釈だと考える。

さて、どちらの解釈をとるにしても、このように戦略概念を純粋戦略から混合戦略に拡張することで、ジョン・ナッシュの証明が正しいことになるのである。つまり、混合戦略まで戦略概念を広げれば、ほとんどのゲームでナッシュ均衡が存在するのである。ファッションゲームでも、純粋戦略だけで考えるとナッシュ均衡は存在しないが、混合戦略まで考慮すると、ナッシュ均衡が存在する。その求め方は、次項で解説することにしよう。

[*2] この解釈については、Robert Gibbons, 1992, *Game Thoery for Applied Economists*, Princeton University Press. (福岡正夫・須田伸一(訳), 1995『経済学のためのゲーム理論入門』創文社.) の第1章を参照されたい。

4　混合戦略ナッシュ均衡

―― 最適な反応は？

　混合戦略からなるナッシュ均衡（**混合戦略ナッシュ均衡**）を求めるためには、まず**最適反応関数**という概念を理解する必要がある。この概念は、あるプレーヤーが他のプレーヤーの戦略選択を前提として、自分の利得を最大化（最適化）することを表している。

　ファッションゲームの利得行列をもう一度見てみよう。Bが「赤」を選択するならば、Aは「青」を選択するだろう。なぜなら、「赤」を選択すると利得は−1、「青」を選択すると利得は1となり、「青」を選択することが利得を最大化することになるからである。この選択を「最適反応」と呼ぶ。一方、Bが「青」を選択するならば、Aの最適反応は「赤」となる。

　この最適反応をまとめたものが最適反応関数である。すなわち「Bが『赤』を選ぶ場合は『青』を選択し、Bが『青』を選ぶ場合は『赤』を選択する」というのがAの最適反応関数である。わざわざ「関数」という言葉を使うのは、Aの最適反応がBの戦略選択によって変わるからである。たとえば、Bが「赤」を選ぶ場合のAの最適反応である「青」は、Bが「青」を選んだ場合には最適反応ではなくなってしまう。

　同じように考えれば、Bの最適反応関数も得られる。それは「A

ファッションゲームの利得行列

		B（フォロワー）	
		赤	青
A（リーダー）	赤	−1、1	1、−1
	青	1、−1	−1、1

が『赤』を選ぶ場合は『赤』を選択し、Aが『青』を選ぶ場合は『青』をする」というものである。

ナッシュ均衡は、すべてのプレーヤーの最適反応を組み合わせたものである。ナッシュ均衡の定義を思い出そう。それは「『その状態から自分だけ戦略を変えても自分の利得が等しいか小さくなる』ことがすべてのプレーヤーに当てはまる戦略プロファイル」というものだった。この定義の「その状態から自分だけ戦略を変えても自分の利得が等しいか小さくなる」という箇所に着目しよう。この文章は、(他のプレーヤーの戦略選択を前提として)プレーヤーが自分の利得を最大化する最適反応をしていることを意味している。なぜなら、最適反応から戦略を変えると、利得は等しいままか小さくなってしまうからである。そして、このことがすべてのプレーヤーに当てはまるので、結局、ナッシュ均衡はすべてのプレーヤーの最適反応の組になっている。

ファッションゲームを用いて、このことを具体的に解説しよう。ファッションゲームでAは確率pで「赤」を選び、確率$1-p$で「青」を選ぶとしよう。またBは確率qで「赤」を選び、確率$1-q$で「青」を選ぶとしよう。このとき、Aが「赤」を選ぶ場合の利得はどうなるだろうか。Bが「赤」を選べば利得は-1、Bが「青」を選べば利得は1となる。ただし、Bは確実に「赤」か「青」を選ぶわけではなく、確率的に選択する。この状況では、利得の期待値、すなわち**期待利得**を計算する必要がある。

期待利得は、Bがある純粋戦略を選ぶ確率とその場合の利得をかけたものをすべての純粋戦略について足し合わせれば算出できる。

Aの期待利得を計算してみよう。Aが「赤」を選択した場合の期待利得をE_A（赤）と表現しよう。Eは期待値や期待利得を表現するのによく用いられる記号である（期待の英語 Expectation の頭文字 E からきている）。添え字のAはAの期待利得であることを、そして丸カッコの中の「赤」は戦略「赤」を表している。この期待利得E_A（赤）は次の式で計算できる。

$$E_A（赤） = -1 \times q + 1 \times (1-q)$$

この式の右辺の-1はBが「赤」を選んだ場合のAの利得、次のqはBが「赤」を選ぶ確率である。次の1はBが「青」を選んだ場合のAの利得、$1-q$はBが「青」を選ぶ確率である。

次に、Aが「青」を選択した場合の期待利得E_A（青）は次のように計算できる。この式の求め方は、読者の練習問題としよう。

$$E_A（青） = 1 \times q + (-1) \times (1-q)$$

さて、E_A（赤）がE_A（青）よりも大きければ、「赤」を選択した方が「青」を選択するよりも期待利得が大きいので、Aは「赤」を選択する（最適反応である）。しかし、E_A（赤）がE_A（青）よりも小さければ、「青」を選択する。ただしqの値によってどちらが大きくなるかが決まる。このことをさらに詳しく見てみよう。

E_A（赤）がE_A（青）よりも大きくなるのは、

$$-1 \times q + 1 \times (1-q) > 1 \times q + (-1) \times (1-q)$$

という不等式が成り立つときである。この不等式をqについて解

くと、$q<0.5$となる。つまりBが「赤」を選ぶ確率qが0.5よりも小さいならば、Aは「赤」を選ぶ。一方、qが0.5よりも大きいならば、E_A（青）がE_A（赤）よりも大きくなるので、Aは「青」を選ぶ。qが0.5の場合、E_A（青）とE_A（赤）は等しくなるので、Aは「青」と「赤」のどちらかを選ぶ（どちらでもよい）。

　この論証に基づいてAの最適反応曲線を描いてみよう。それは次の図の太い実線のようになる。このグラフの縦軸はAが「赤」を選ぶ確率p、横軸はBが「赤」を選ぶ確率qである。上述したように、qが0.5よりも小さいとき、Aは「赤」を選ぶ。このことは、pが1になっていることを意味する。したがってqが0から0.5までの範囲では、pが1の値を維持する横線を描くことができる。qが0.5よりも大きいとき、Aは「青」を選ぶので、pは0である。したがってqが0.5から1までの範囲では、pが0の値を維持する横線を描くことができる。qが0.5のとき、Aが「赤」を選んでも「青」を選んでも、「赤」と「青」を混合化した混合戦略を選んでも、利得は同じである。このため、qが0.5の場合は、pは0から1までのどんな値でもとりうる。したがってグラフでは、pが0から1までの値をとる縦棒を描くことができる（下図）。

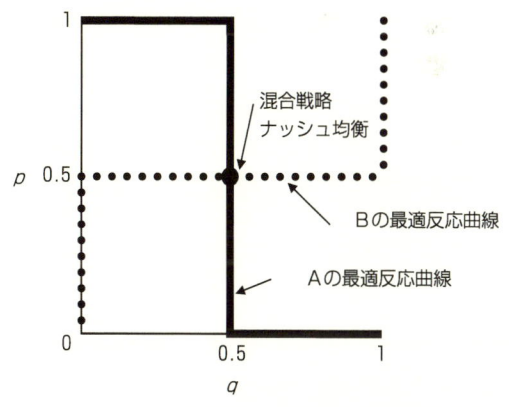

ファッションゲームの最適反応曲線

次に、Bの最適反応曲線を描こう。まずBの期待利得は次のように計算できる。

$$E_B（赤） = 1 \times p + (-1) \times (1-p)$$
$$E_B（青） = -1 \times p + 1 \times (1-p)$$

E_B（赤）とE_B（青）の大小関係から、pが0.5よりも小さいならば、Bは「青」を選び、pが0.5よりも大きいならば、Bは「赤」を選ぶ。そしてpが0.5のときは、Bの最適反応は「青」と「赤」のどんな混合化でもよい。したがってBの最適反応曲線は、下のグラフの太い点線のようになる。この場合、グラフを左に90度回転させて見ると分かりやすいだろう。まずpが0から0.5までの間は、Bは「青」を選ぶので、「赤」を選ぶ確率qは0である。したがって、qが0の値を維持する線を描くことができる。pが0.5から1までの間は、qは1なので、qが1の値を維持する線を描ける。そしてpが0.5のとき、qは0から1までのいかなる値でもとりうるので、qが0から1までの値をとる線を描くことができる。

このAとBの最適反応曲線が交差した点がナッシュ均衡になっている。なぜなら、この交点は、互いの最適反応を前提とした最適反応になっていて、そこから誰も戦略を変更しようとはしないからである。したがってファッションゲームのナッシュ均衡は、（Aが0.5の確率で赤を選ぶ、Bが0.5の確率で赤を選ぶ）という戦略プロファイルである。このように、混合戦略まで戦略概念を拡張すれば、ジョン・ナッシュが証明したように、ナッシュ均衡が存在する。

このときの2人の期待利得はどのくらいだろうか。それを計算す

るためには、それぞれの戦略プロファイルが実現する確率を計算し、それぞれの確率にその戦略プロファイルの利得をかけたものを足し合わせればよい。Aの期待利得は次のように計算できる。

$$A の期待利得 = -1 \times 0.5 \times 0.5 + 1 \times 0.5 \times 0.5 + 1 \times 0.5 \times 0.5 + (-1) \times 0.5 \times 0.5 = 0$$

はじめの−1は（赤, 赤）の場合のAの利得、0.5×0.5は（赤, 赤）が実現する確率である。同様に、（赤, 青）、（青, 赤）、（青, 青）について計算できる。それらを足し合わせると、0になる。これがAの期待利得である。同様にBの期待利得も0である。

次に、練習も兼ねて、調整ゲームの混合戦略ナッシュ均衡を求めてみよう。調整ゲームでは、（左, 左）と（右, 右）が純粋戦略ナッシュ均衡だった。この他に混合戦略ナッシュ均衡があるかどうか、調べてみよう。

まずAが「左」を選ぶ確率をp、「右」を選ぶ確率を$1-p$とし、Bが「左」を選ぶ確率をq、「右」を選ぶ確率を$1-q$としよう。このとき、Aの期待利得は次のようになる。

$$E_A (左) = 2 \times q + 0 \times (1-q) = 2q$$
$$E_A (右) = 0 \times q + 1 \times (1-q) = 1-q$$

E_A（左）$= E_A$（右）となるときのqは、1/3となる。E_A（左）がE_A（右）より大きければ——$2q$が$1-q$よりも大きければ——、すなわちqが1/3よりも大きければ、Aは「左」を選ぶ。すなわちpは1となる。しかしqが1/3よりも小さければ、Aは「右」を選び、

調整ゲームの利得行列

		B	
		左	右
A	左	2, 2	0, 0
	右	0, 0	1, 1

4 混合戦略ナッシュ均衡

pは0である。qが1/3のときは、pはいかなる値もとりうる。

一方、Bの期待利得は次のようになる。

$$E_B(左) = 2 \times p + 0 \times (1-p) = 2p$$
$$E_B(右) = 0 \times p + 1 \times (1-p) = 1-p$$

$E_B(左)$が$E_B(右)$よりも大きければ、すなわちpが1/3よりも大きければ、Bは「左」を選び、qは1となる。しかしpが1/3よりも小さければ、Bは右を選び、qは0である。そしてpが1/3のときは、qはいかなる値でもよい。

以上の議論から、調整ゲームの最適反応曲線は下の図のようになる。図の描き方は、ファッションゲームの場合と同じである。

図から分かるように、AとBの最適反応曲線が交差する点（ナッシュ均衡）は3つある。右上隅の純粋戦略ナッシュ均衡は、pとqがともに1なので、（左，左）の戦略プロファイルである。そしてその場合の利得は（2，2）である。一方、左下隅の純粋戦略ナッシュ均衡は、pとqがともに0なので、（右，右）の戦略プロファイルである。そして利得は（1，1）である。

図の中ほどにある混合戦略ナッシュ均衡は、pとqがともに1/3

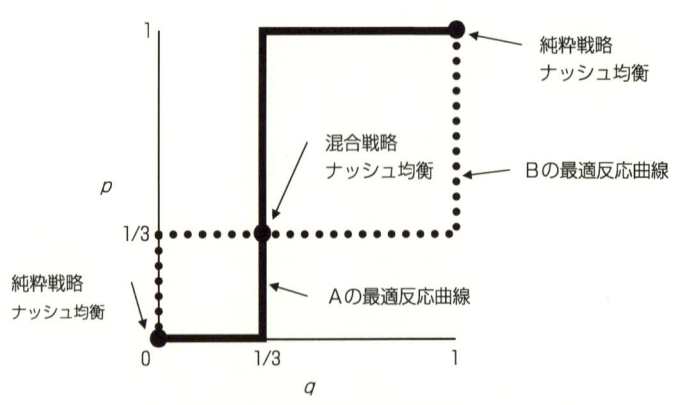

調整ゲームの最適反応曲線

なので、(Aが確率1/3で左を選ぶ, Bが確率1/3で左を選ぶ) 戦略プロファイルである。そして期待利得は次のように計算できる。

$$
\begin{aligned}
\text{Aの期待利得} &= 2\times 1/3 \times 1/3 + 0 \times 1/3 \times 2/3 + 0 \times 2/3 \times 1/3 \\
&\quad + 1 \times 2/3 \times 2/3 = 2/3 \\
\text{Bの期待利得} &= 2\times 1/3 \times 1/3 + 0 \times 1/3 \times 2/3 + 0 \times 2/3 \times 1/3 \\
&\quad + 1 \times 2/3 \times 2/3 = 2/3
\end{aligned}
$$

このように、最適反応曲線を用いることで、調整ゲームには2つの純粋戦略ナッシュ均衡と1つの混合戦略ナッシュ均衡があることが分かった。混合戦略ナッシュ均衡のもとでの期待利得は (2/3, 2/3) であり、どちらの純粋戦略ナッシュ均衡のもとでの利得よりも低い。しかしナッシュ均衡の項で述べたように、どのナッシュ均衡が実際に生じるかは、ナッシュ均衡概念からは分からない。進化ゲーム理論の項で、この問題を検討することにしよう。

5 離散型戦略と連続型戦略

―― 戦略を連続的に変化させる

　前の2つの項で、混合戦略と混合戦略ナッシュ均衡の解説をした。この混合戦略と間違えやすいのが、連続型戦略である。本項では、**離散型戦略**と**連続型戦略**の違いを解説し、具体例を交えて、連続型戦略の場合のナッシュ均衡の求め方を説明する。

　今までのゲームに出てきた、直進―曲がる、左―右、赤―青といった戦略は、質的に異なる戦略である。つまり、直進するか曲がるかであって、中間はない。こういう戦略を離散型戦略と言う。これに対して、たとえば寡占状態下で企業が投資額を決めるという状況を想定しよう。投資額を戦略と考えれば、それは1000万円とか2億円とか金額で表現される連続量である[*1]。このような連続量に基づく戦略のことを、ここでは連続型戦略と呼ぶことにする。

　連続型戦略と混合戦略はまったく別の概念である。混合戦略は、純粋戦略に確率を割り当てたものである。確率が連続量なので、混合戦略と連続型戦略を混同しやすいが、混合戦略は離散型戦略にも連続型戦略にも適用できる。純粋戦略が離散型戦略の場合、混合戦略はたとえば「直進」に0.4の確率を割り当て「曲がる」に0.6の確率を割り当てたものである。これに対して、純粋戦略が連続型戦略の場合、混合戦略は純粋戦略の確率分布になる。具体的なイメー

---

*1　細かいことを言えば、たとえば1000円と1001円は実数としては連続していない。しかしここでは話を単純にするために、このような実数の連続性については立ち入らない。

ジとして、下の図が参考になるだろう。

　では、連続型戦略を用いた具体例を紹介しよう。複占――2つの企業による寡占――における企業の行動を分析しよう[*2]。自動車市場にA社とB社の2社しか存在していないとしよう。どちらの会社もできるだけ利益（利潤）を上げようとしていて、そのためには何台生産すればよいか考えている。自動車の価格は、生産台数が少ないときは希少性があるので、価格が高くなるが、生産台数が増えるにつれて、安い価格でないと買わない人が多くなるので、価格が低くなる。したがって、いくらでも生産台数を増やせばよいというものではなく、利益を最大にする最適な生産台数がある。独占企業ならば、自社生産台数を自由に決められるので、容易に利益を最大にできるが、複占の場合、相手企業の生産台数に応じて自社生産台数を決める必要がある。「相手もいることだし……」というゲーム理論の発想が必要な状況である。

　A社とB社の意思決定を分析するために、上の状況を明確に定義しよう。A社とB社の生産台数をそれぞれxとyとする。これが両社の連続型戦略である[*3]。生産にはコストがかかる。ここでは1台生産するためコストを100万円としよう。また自動車の1台当たりの価格を、1000万円から生産台数（$x+y$）を引いたものとしよう。

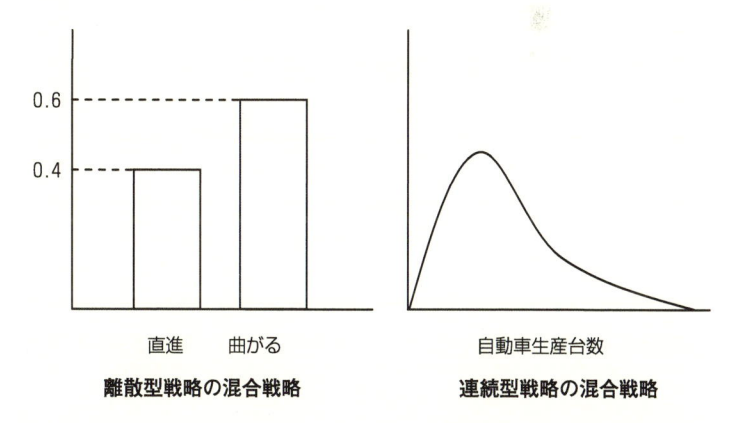

離散型戦略の混合戦略　　**連続型戦略の混合戦略**

このとき、A社の利益を U_A と表すと、それは売り上げ（1台当たりの価格に自社の生産台数をかけたもの）からコスト（1台当たりの生産コストに自社の生産台数をかけたもの）を引いたものになる。B社の利益も同様に計算できる。数式で表すと、次のようになる。

$$U_A = (10000000 - (x+y))x - 1000000x \qquad (1)$$
$$U_B = (10000000 - (x+y))y - 1000000y \qquad (2)$$

A社は x の値を操作して U_A を最大化しようとし、B社は y の値を操作して U_B を最大化しようとする。ただし(1)式から分かるように、U_A は x だけでなく、B社の生産台数 y の影響を受ける。A社は y の値を決めることはできないので、それを前提として U_A を最大化するように x を決める。同様に、B社は、x の値を前提として U_B を最大化するように y を決める。この状況を図で表現すると、下のようになる。

この状況を分析するのに適した手法は(1)式と(2)式の両辺を偏微分して、連立方程式を作り、それを x と y について解くことである。偏微分とは、(1)式や(2)式のように目的変数（U_A や U_B）が2つ以上の変数（この場合は x と y）の関数になっているとき、1つの変数に着目し、それ以外の変数を定数と見なして、その変数で微分することである。この微分した式を0に等しいとすることで、目的変数を最大にする当該変数の値が分かる[*4]。

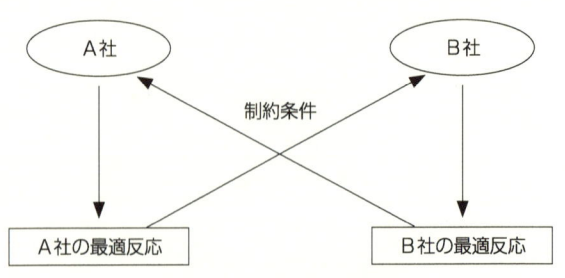

A社とB社の相互依存関係

さて、(1)式を x で偏微分すると、次のようになる。

$$\frac{\partial U_A}{\partial x} = 10000000 - 2x - y - 1000000$$

この式を0にする x の値が、y を前提として U_A を最大にするA社の生産台数である。そこでこの式を0と等しいとして、x について解くと、次のようになる。

$$x = -0.5y + 4500000 \qquad (3)$$

この式は、A社の最適反応関数になっている。なぜならこの式は、B社の生産台数 y に対して、U_A を最大化するA社の生産台数 x の値（最適反応）を定めているからである。

同様に、(2)式を y で偏微分し、その結果を0に等しいとして、y について解くと、次のようになる。これはB社の最適反応関数である。

$$y = -0.5x + 4500000 \qquad (4)$$

前項で説明したように、最適反応関数をグラフ化した最適反応曲線の交差する点がナッシュ均衡となっている。そこで(3)式と(4)式をグラフにしたものが、次ページの図である。前項の最適反応曲線との違いに注意しよう。前項では、混合戦略の確率が縦軸と横軸になっていた。しかしこの図では、連続型戦略がそれぞれの軸になっている。混合戦略ではなく純粋戦略であることに注意しよう。

この交差点は(3)式と(4)式を連立方程式として、x と y について解けば得られる。実際に解いてみると、$x = 3000000$、$y = 3000000$ と

＊2 複占のより一般的な分析は武藤滋夫，2001『ゲーム理論入門』日本経済新聞社．第Ⅱ章を参照されたい。
＊3 話を簡単にするために、純粋戦略のみを考える。
＊4 正確には最大ではなく、極大、極小だが、(1)式、(2)式の場合は最大になる。

なる。つまりA社もB社も300万台ずつ生産する状態がナッシュ均衡である。そのときの利益は(1)式、(2)式にこのxとyの値を代入すれば求まる。すなわちA社もB社も

(10000000 − (3000000 + 3000000)) × 3000000 − 1000000 × 3000000 ＝ 9000000000000

となり、9兆円の利益を上げることになる。

　ここで思考実験として、複占ではなくA社のみの独占状態が実現していたとしたら、A社はどのくらいの利益を上げるか考えてみよう。B社が存在しないので、(1)式からyをとったものがA社の利益式である。それは次のようになる。

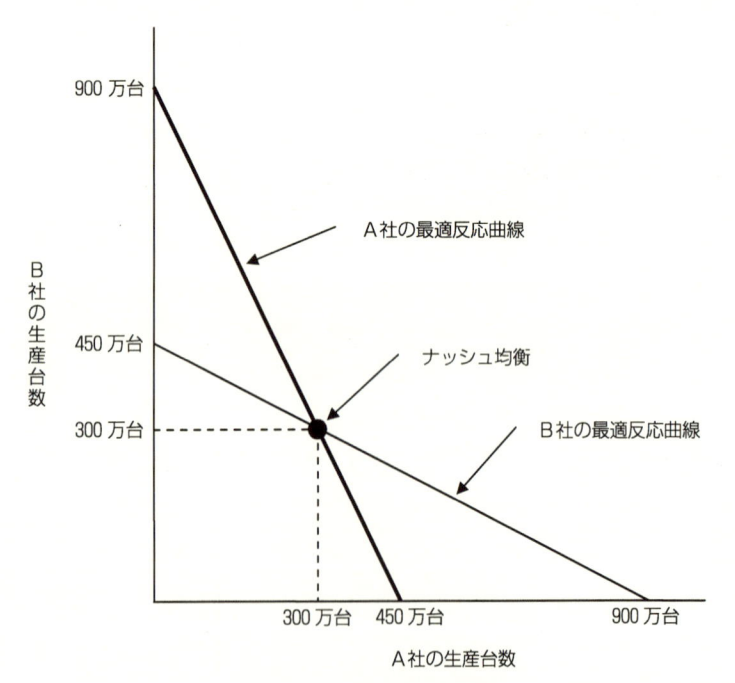

A社とB社の最適反応曲線

$$U_A = (10000000 - x)x - 1000000x \qquad (5)$$

この式をxで微分すると、次のようになる[*5]。

$$\frac{dU_A}{dx} = 10000000 - 2x - 1000000$$

この式を0に等しいとして、xについて解くと、$x=4500000$となる。つまりA社は450万台生産する。そしてそのときの利益は、(5)式にこのxの値を代入して、20兆2500億円となる。複占の場合の利益9兆円の2倍以上になる。このことからも、競争相手の存在が、A社の戦略選択だけでなく、利益にも大きく影響していることが分かる。

[*5] この式にはyがないので、偏微分ではなく微分を行う。

6 囚人のジレンマ

――自白か、黙秘か

　おそらくゲーム理論が扱ってきたゲームの中でもっとも有名なゲームは、**囚人のジレンマ**と呼ばれるゲームである。そのストーリーは次のようになる。

　AとBという2人が夜中に銀行に侵入して大金を盗み出した。しかし後で警察に捕まり、別々の部屋で取り調べを受けることになった。確かな物証がなかったので、AとBの自白が頼りである。取調官はAに対して次のような取引を持ち出した。

　「お前が自白してBが黙秘するならば、お前は無罪放免だ。しかしお前が黙秘してBが自白するならば、お前には懲役20年を求刑する。お前が自白しBも自白するならば、2人に懲役5年を求刑する。しかしお前が黙秘しBも黙秘するならば、2人とも懲役2年を求刑する。」

　Bにも同様の取引が持ち出されたとしよう。また、話を簡単にするために、裁判では求刑通りの判決がなされるとしよう。

　さて取調官から取引を持ち出されたAとBは、どのように対応するだろうか。前項までの解説の復習を兼ねて、この状況を分析し、AとBの対応を考えよう。

　まずプレーヤーはAとBであり、2人の戦略は「自白」と「黙

秘」である。そして実現しうる戦略プロファイルは——Aの戦略、Bの戦略の順に書くと——（自白，黙秘）、（黙秘，自白）、（黙秘，黙秘）、（自白，自白）の4つである。

この戦略プロファイルに対するAの利得を決めよう。Aにとってもっとも望ましいのは、自分が無罪放免になる（自白，黙秘）である。次が懲役2年の（黙秘，黙秘）、その次が懲役5年の（自白，自白）である。そしてもっとも望ましくないのが、懲役20年の（黙秘，自白）である。そこでこの順番に従って、4、3、2、1の利得を割り当てよう。同様に、Bにとっては、（黙秘，自白）がもっとも望ましく、次が（黙秘，黙秘）、その次が（自白，自白）、そして最後が（自白，黙秘）なので、これにも4、3、2、1の利得を割り当てよう。

これで準備が整った。囚人のジレンマの利得行列は下のようになる。

この利得行列に基づいてナッシュ均衡を求めよう。戦略プロファイル（黙秘，黙秘）の場合、Aが「黙秘」から「自白」に戦略変更する誘因を持つので、ナッシュ均衡ではない。（黙秘，自白）と（自白，黙秘）も、AかBが戦略変更の誘因を持つので、ナッシュ均衡ではない。しかし（自白，自白）の場合、AもBも戦略変更の誘因を持たないので、ナッシュ均衡である。そしてゲームに純粋戦略ナッシュ均衡が1つしかない場合には、混合戦略ナッシュ均衡は存在しないので、この（自白，自白）は唯一のナッシュ均衡である。

このように囚人のジレンマは、ゲームとしてはナッシュ均衡が1つしか存在しない単純なゲームである。それなのに、なぜもっ

囚人のジレンマの利得行列

		B	
		黙秘	自白
A	黙秘	3, 3	1, 4
	自白	4, 1	2, 2

も有名なゲームなのだろうか。それは、(自白, 自白) から (黙秘, 黙秘) へ移行するならば、利得は (2, 2) から (3, 3) になって2人とも利得が上がるのに、AとBが合理的に自分の利得最大化を追求すると (自白, 自白) が実現してしまうからである。言い換えれば、(自白, 自白) からパレート改善の余地があるのに、それができない。しかも (黙秘, 黙秘) はパレート最適である[*1]。このようにパレート最適とナッシュ均衡が乖離しているがゆえに、囚人の「ジレンマ」と呼ばれているのである。

　ここまではゲーム理論としての話だが、囚人のジレンマゲームは現実の社会現象を説明できない、という問題点もある。ここで「自白」を「非協力」、「黙秘」を「協力」と一般化しよう。すると、このゲームの「ジレンマ」は、プレーヤーが相互に協力すると相互非協力よりも利得が高くなるのに、自己の利得最大化をしようとすると相互非協力状態に陥ってしまう、というものになる。確かにこのような現象は多く見られる。たとえば、幹線道路沿いにならぶガソリンスタンドの価格競争がある。隣り合う2つのガソリンスタンドが協定 (カルテル) を結んで価格を高めに維持すれば、高い利益を得られる (相互協力)。ところが、どちらにもぬけがけして安い価格で売りたいという誘因がある。このため、どちらも安い価格で売る羽目になり、低い利益しか得られない (相互非協力)。

　一方、相互非協力ではなく相互協力が実現していることも多々ある。価格競争をしていたガソリンスタンドの間に協定が成立することもある。また冷戦時代のアメリカとソ連の関係も (核戦争を相互非協力状態だと考えれば)、一種の相互協力関係である。

---

*1 (黙秘, 自白) と (自白, 黙秘) もパレート最適ではあるが、(黙秘, 黙秘) ほど注目されない。

囚人のジレンマゲームでは、このような相互協力の成立を説明できない。この問題を解決するための方策が、いくつも提案されている。その中で、囚人のジレンマゲームを繰り返すという解決策がある。この解決策については、後で出てくる展開形ゲームの考え方を用いる必要があるので、そのときにまた解説する[*2]。

　ここで、囚人のジレンマを題材にして、ゲーム理論の重要な概念である**支配される戦略**について解説しておこう[*3]。支配される戦略には、「強く支配される戦略」と「弱く支配される戦略」がある。まず前者から解説しよう。

　囚人のジレンマで、Bが「黙秘」を選ぶならば、Aの最適反応は「自白」である。なぜなら「黙秘」を選べば利得は3、「自白」を選べば利得は4となり、「自白」の方が利得が高いからである。またBが「自白」を選ぶ場合も、Aの最適反応は「自白」である。つまりBがどのような戦略を選ぼうと、Aにとっては「自白」を選んだ方が「黙秘」を選ぶよりも利得が高い。このとき、「黙秘」は「自白」に強く支配される、と言う。Bの戦略についても同じことが言える。

　このことを一般的に言えば、あるプレーヤーの**強く支配される戦略**とは、別の戦略と比較した場合、他のプレーヤーのどんな戦略選択に対しても、別の戦略の方が利得が高くなる戦略のことである。

　強く支配される戦略を消去していくことが、ナッシュ均衡を見つける近道である。なぜなら、合理的なプレーヤーならば、強い支配関係にある2つの戦略のうち、支配される戦略を選ぶことはしないからである。囚人のジレンマでは、「黙秘」は強く支配される戦略

[*2] 「9　展開形ゲーム」の項参照。
[*3] 支配関係は優越関係とも呼ばれる。

であるから、Aは「Bは『黙秘』を選ばないだろう」と考え、Bの「黙秘」戦略を消去する。そして、Bの「自白」戦略を前提として、自分の利得が高くなる「自白」を選ぶ。その結果、ナッシュ均衡は（自白，自白）になる。

ところで、囚人のジレンマや今まで紹介してきたゲームでは、プレーヤーは2人だけで、戦略の数もそれぞれ2つであった。このため戦略プロファイルは4つだけなので、それらすべてがナッシュ均衡か否かをチェックするのは簡単である。しかし3つの戦略を持ったプレーヤーが3人いるだけで、戦略プロファイル数は27になる。これらすべてをチェックするよりも、強く支配される戦略を消去して、残った戦略からなる戦略プロファイルだけをチェックする方が容易である。練習問題として、①の利得行列のナッシュ均衡を求めよう[*4]。

まずプレーヤーAには強く支配される戦略がないことを確認しよう。Bの場合、戦略NはAの選択可能な戦略のすべてにおいて戦略Jよりも利得が低く、戦略Jに強く支配されるので、これを消去することができる。すると利得行列は②のようになる。

そうすると、今度はAの戦略Cは戦略Jに強く支配される。そこでこの戦略を消去すると、利得行列は③のようになる。

この利得行列では、プレーヤーBの戦略Jは戦略Cに強く支配される。この戦略を消去すると、利得行列は④のようになる。

残った利得行列を見ると、プレーヤーAの戦略Nは戦略Jに強く支配される。したがって最終的に戦略プロファイル（J，C）が残る[*5]。これがこのゲームの唯一のナッシュ均衡であることを確認

[*4] この利得行列は Herbert Gintis, 2000, *Game Theory Evolving: A Problem-Centered Introduction to Modeling Strategic Interaction*, Princeton University Press, p. 18 からとったものである。

[*5] 常に、このように最終的に1つの戦略プロファイルからなる利得行列にまで強く支配される戦略が消去されるわけではない。

しよう。元の利得行列を見れば分かるように、AはJから他の戦略に変更すると利得が低くなり、BもCから他の戦略に変更すると利得が低くなる。しかし他の戦略プロファイルでは、AかBのいずれかに戦略変更の誘因がある。

次に、**弱く支配される戦略**について解説しよう。ある戦略が別の

① 強くされる戦略のある利得行列

		B		
		N	C	J
	N	73, 25	57, 42	66, 32
A	C	80, 26	35, 12	32, 54
	J	28, 27	63, 31	54, 29

② プレーヤーBの戦略N を消去した利得行列

		B	
		C	J
	N	57, 42	66, 32
A	C	35, 12	32, 54
	J	63, 31	54, 29

③ プレーヤーAの戦略C を消去した利得行列

		B	
		C	J
A	N	57, 42	66, 32
	J	63, 31	54, 29

④ プレーヤーBの戦略J を消去した利得行列

		B
		C
A	N	57, 42
	J	63, 31

戦略に弱く支配されるとは、他のプレーヤーのどんな戦略選択に対しても、別の戦略の利得が少なくとも同じであり、他のプレーヤーの少なくとも1つの戦略選択に対しては、別の戦略の方が前者よりも利得が高くなる戦略のことである。

やや分かりにくい概念なので、例を用いて説明しよう。⑤の利得行列を見てみよう[*6]。

プレーヤーBの戦略c_2は戦略c_1にもc_3にも強く支配される。これに対して、プレーヤーAの戦略r_2はr_1に弱く支配される。なぜなら、Bがc_2を選ぶならば、r_1を選択したときの利得（−2）はr_2を選択したときの利得（−5）よりも大きいが、Bがc_1かc_3を選んだ場合は、r_1とr_2の利得は同じだからである。

この利得行列で、まずAの弱く支配される戦略r_2を消去してみよう。すると、利得行列は⑥のようになる。

この利得行列では、c_1とc_2がc_3に強く支配されるので、それらを消去して、最後には（r_1, c_3）という戦略プロファイルが残る。

確かにこの戦略プロファイルはナッシュ均衡である。Aがr_1からr_2に戦略を変更しても利得は同じ0である。Bがc_3からc_1やc_2

⑤ 弱く支配される戦略のある利得行列

		B		
		c_1	c_2	c_3
A	r_1	1, 0	−2, −1	0, 1
	r_2	1, 2	−5, −1	0, 0

⑥ プレーヤーAのr_2を消去した利得行列

		B		
		c_1	c_2	c_3
A	r_1	1, 0	−2, −1	0, 1

＊6　この利得行列はHerbert Gintis, 2000, 前掲書, p.19 からとったものである。

に戦略を変更すると利得は低くなる。しかしこのゲームにはもう1つ、(r_2, c_1)というナッシュ均衡もある[*7]。r_1に弱く支配される戦略r_2を消去してしまうと、このナッシュ均衡を見落としてしまう。この問題は、ナッシュ均衡の定義の一部である「自分だけ戦略を変えても自分の利得が等しいままであるか小さくなる」という条件から生じる。自分だけ戦略を変えても利得が変わらない場合も定義に含まれているので、弱く支配される戦略を含むナッシュ均衡が存在しうる。このため、弱く支配される戦略を自動的に消去してしまうと、そのようなナッシュ均衡を見落としてしまうのである。強く支配される戦略は何も考えずに消去しても構わない。しかし弱く支配される戦略の場合には、この問題があるので、消去には慎重になる必要がある。

[*7] ここでは純粋戦略ナッシュ均衡のみを考える。

7 社会的ジレンマ

——ジレンマを集団に拡大すると

　前項まではプレーヤーが2人のゲームを取り上げてきた。しかしゲーム理論が対象とするゲームでは、プレーヤーの数は必ずしも2人である必要はない。何人いても構わない。本項では、囚人のジレンマの応用として、N人（Nは2以上）のプレーヤーからなる**社会的ジレンマ**を取り上げる。

　囚人のジレンマの「ジレンマ」たる所以は、パレート改善[*1]できる状態（黙秘, 黙秘）があるにもかかわらず、プレーヤーが合理的に戦略選択を行うと、それとは異なるナッシュ均衡（自白, 自白）が実現してしまう、というものだった。N人の社会的ジレンマも同じ状況を表現している。すなわち、全員が協力すれば、全員が非協力である状態よりも、すべての人にとって望ましい状態となるのに、個々人が合理的に行動すると、結果として全員が非協力である状態が生じてしまう、という状況である。

　社会生活において、このような状況はよく見られる。環境問題がその典型例である。ある程度エネルギー消費を削減して生活すると（協力行動をとると）、環境問題は深刻にならず、持続可能な生活をすることができる。しかし、一人ひとりがエネルギーを大量に使うと（非協力行動をとると）、その行動が集積して環境問題が発生し、

＊1　「2　ナッシュ均衡」の項参照。

結果として協力行動をとった場合よりもひどい生活状態になってしまう。ところが、エネルギーを大量に使う生活は快適なので、各人はそのような生活を合理的に選択してしまう。本項では、このようなことが生じるメカニズムを分析する。

このメカニズムを解明するため、まず社会的ジレンマの状況を明確に定義しよう[*2]。社会の中には N 人のプレーヤーがいる。各プレーヤーの戦略は「協力」と「非協力」である。それらをC（協力 Cooperation）とD（非協力 Defection）と表現しよう。協力を選択している人が m 人のとき、「協力」選択の利得を $C(m)$、「非協力」選択の利得を $D(m)$ で表す。つまりこれらの利得は m に依存している（m の関数である）と仮定する（このような関数を**利得関数**と呼ぶ）。そして次の2つの条件が成立しているときに、社会的ジレンマ状況が成り立っているとする。

(1) いかなる m の値でも、$D(m)>C(m+1)$ である。ただし m は 0 から $N-1$ までの値をとる。
(2) $C(N)>D(0)$ である。

これらの条件について解説しよう。条件(1)は、常に「協力」よりも「非協力」を選択した方が利得が高いことを示している。今あるプレーヤー(X)が協力するか非協力を選択するか考えている状況を想定しよう（次ページの図を参照）。今協力している人の数は m 人である。非協力者の数は N 人から協力者 m 人とXの1人分を引いた $N-m-1$ である。ここでXが「協力」を選択すれば、協力者の数は $m+1$ に増える（非協力者の人数は $N-m-1$ 人のままであ

[*2] この定義は Robyn M. Dawes, 1980, "Social Dilemmas," *Annual Review of Psychology*, 31: 169-193 に依拠している。

る)。したがって「協力」を選択したXの利得は $C(m+1)$ になる。カッコの中が m ではなく、$m+1$ になることに注意しよう。社会的ジレンマの定義を理解するときにもっとも分かりにくい点である。一方、Xが「非協力」を選択するならば、協力者数は m のままなので(非協力者の人数は $N-m$ 人に増える)、「非協力」を選択したXの利得は $D(m)$ である。$D(m)>C(m+1)$ という不等式は、「非協力」の方が「協力」よりも利得が高いことを示している。言い換えれば、「協力」は「非協力」に強く支配されている。

条件(2)は、全員が協力しているときのプレーヤーの利得が、全員が非協力のときのプレーヤーの利得よりも高いことを示している。$C(N)$ は N 人(つまり全員)が協力しているときの協力選択者の利得である。N 人が協力選択者なのだから、この利得は誰にでも当てはまる。一方、$D(0)$ は誰も協力していない(つまり全員が「非協力」を選んでいる)ときの非協力者の利得である。全員が非協力選択者なのだから、やはりこの利得は誰にでも当てはまる。

以上の説明で、この2つの条件が囚人のジレンマと同じ状況を表現していることが分かるだろう。条件(1)から、全員が「非協力」を選択する戦略プロファイルがナッシュ均衡になる。しかし条件(2)が示すように、このナッシュ均衡は全員が「協力」を選択するというパレート最適な戦略プロファイルとは異なっている。

プレーヤーXの選択による協力者数と利得の変化

Xが「協力」を選択した状況			Xが「協力」と「非協力」のどちらを選択するか決めようとしている状況			Xが「非協力」を選択した状況	
協力者数(Xの1人分増える)	$m+1$人		協力者数(Xを除く)	m人		協力者数	m人
協力者の利得	$C(m+1)$	← Xが「協力」を選択	協力者の利得	$C(m)$	→ Xが「非協力」を選択	協力者の利得	$C(m)$
非協力者数	$N-m-1$人		非協力者数(Xを除く)	$N-m-1$人		非協力者数(Xの1人分増える)	$N-m$人
非協力者の利得	$D(m+1)$		非協力者の利得	$D(m)$		非協力者の利得	$D(m)$

注:プレーヤーXは網掛けセルの利得を比較する。

さて、それでは具体的に $C(m)$ と $D(m)$ はどのような関数なのだろうか（$C(m)$ の関数形が決まれば、先の社会的ジレンマの定義に出てきた $C(m+1)$ も決まる）。条件(1)と(2)を満たす関数は数多くあるが、ここではもっとも単純なものを紹介しよう。それは次の式で表される。この式の B は協力者が1人増えるごとに全員が享受できる便益（benefit）である。小文字の c は「協力」を選択することで生じる費用（cost）である。

$$C(m) = Bm - c$$
$$D(m) = Bm \tag{1}$$

この式が表現している具体例は、たとえばゴミの分別収集である。分別収集に協力する人が1人増えれば、それだけ環境負荷が減り、社会の全員にメリットがある。そのメリットが B である。一方、分別収集に協力するためには、可燃ゴミと資源ゴミを分けるなど手間がかかる。その手間が c である。メリットは全員に、コストは協力者個人にかかることに注意しよう。このため、「非協力」を選択している人は、コストを払わずに m 人の協力者が作り出してくれるメリットを享受できるので、$D(m)=Bm$ となる。

この式が先の条件(1)と(2)を満たしているかチェックしよう。まず $D(m)$ と $C(m+1)$ の大きさを比べよう。両者の差をとると、次のようになる。

$$D(m) - C(m+1) = Bm - (B(m+1) - c) = c - B$$

ここで $c > B$ ならば、すなわち協力のコストがメリットよりも大

きいならば、$D(m)$ は $C(m+1)$ よりも大きくなり、条件(1)は満たされる。

次に $C(N)$ と $D(0)$ を計算すると、次のようになる。

$$C(N) = BN - c$$
$$D(0) = 0$$

ここで $BN>c$ ならば、すなわち全員が協力したときの個人にとってのメリットが個人的なコストよりも大きければ、条件(2)は満たされる。

以上をまとめると、$BN>c>B$ という不等式が成立するならば、先の(1)式で表現された利得関数は社会的ジレンマ状況を表している。

社会的ジレンマは、学問的な研究対象として興味深いだけでなく、環境問題などの現実の社会問題を解決するための鍵でもある。このため多くの解決策が提案されてきた。たとえば、人びとに協力選択をさせるためには、便益がコストを上回るようにすればよい（$c<B$ となればよい）。1つの方策として、ゴミの分別を簡単にできるような仕組みを導入してコストを低くすることがあげられる。このように、社会的ジレンマの論理構造をゲーム理論で解明することで、有効な政策を考えることができる[*3]。

[*3] 社会的ジレンマとその解決策については多くの研究がある。たとえば、以下を参考にされたい。
   盛山和夫・海野道郎（編），1991『秩序問題と社会的ジレンマ』ハーベスト社.
   山岸俊男，2000『社会的ジレンマ――「環境破壊」から「いじめ」まで』PHP研究所.
   土場学・篠木幹子（編），2008『個人と社会の相克――社会的ジレンマ・アプローチの可能性』ミネルヴァ書房.

8　公共財供給問題

――ただ乗りをどうするか

　前項で見た社会的ジレンマは、みんなで一緒に何かを行おうとしているのに、個々人の合理的な選択の結果、それが実現しない状況を表している。これは**公共財供給問題**とも呼ばれる問題である[*1]。たとえば、ある地域の真ん中を流れる川に橋を架けることを考えよう。何人かでお金を出し合って橋を架ければ、地域住民にとってとても便利になる。しかし「他の人がお金を出してくれて橋が架けられるのならば、自分はお金を出したくない」と考える人も多いだろう。このような人を**フリーライダー**（ただ乗り）と呼ぶ。

　前項の社会的ジレンマとこの状況（これを橋架けゲームと呼ぶことにしよう）との大きな違いは、このフリーライダーの有無である。確かに、社会的ジレンマでも、誰もが「協力」よりも「非協力」を選ぼうとする。この点では、フリーライダーになろうとしている。しかし結局、誰も協力しないなら、ただ乗りしようと思っても、肝心の公共財が供給されない。これに対して、橋架けゲームの場合、橋が架かれば、フリーライダーだけでなく、お金を出した人にもメリットがある。このため、お金を出さずに橋を利用するフリーライダーがいても、橋が架かる可能性がある。

　こういう状況を厳密に考えるために、ゲーム理論の考え方を応

---

*1　公共財供給問題を初めて詳細に検討したのは Mancur Olson, 1965, *The Logic of Collective Action : Public Goods and the Theory of Groups*, Harvard University Press.（依田博・森脇俊雅（訳），1996『集合行為論——公共財と集団理論』（新装版）ミネルヴァ書房．）である．また木村邦博，2002『大集団のジレンマ——集合行為と集団規模の数理』ミネルヴァ書房．も参照されたい．

用しよう。前項と同じく、地域社会の中にN人の人がいるとする。このN人のうちn人の人がお金を出したら橋が架かるとしよう。1人1万円出すとすれば、$10000n$円で橋が架かることになる。橋が架かれば、地域社会のどの人にも便益がある。この便益を金銭に換算すればB円になるとしよう。なおBは10000よりも大きいものとする。そうでなければ、橋が架かっても便益よりもコストが大きくなり、誰もお金を出そうとは思わないからである。

　この状況で、人びとの利得関数はどのように表されるだろうか。人びとの利得は、橋が架かるか否か——つまり、橋を架けられるだけのお金が集まるかどうか——で大きく違ってくる。まず「協力」（お金を出す）を選択した場合の利得を考えよう。協力者の人数が$n-2$人以下だと、自分が協力しても協力者数はn人に満たないので、橋は架からない。つまりお金を出しただけ損をすることになり、利得は-10000円となる。協力者の人数が$n-1$人だと、自分が協力することで橋が架かる。したがって利得は$B-10000$円である。協力者がn人以上いると、既に橋をかけるだけの協力者がいるので、自分が協力しても便益はBで変わらない。したがって利得はやはり$B-10000$円である。

　「非協力」を選択した場合の利得は次のようになる。協力者の人数が$n-1$人以下だと、橋は架からないのでBの便益は得られない。しかしお金を出していないので損失もない。したがって利得は0円である。協力者数がn人以上だと、橋が架かり、自分はお金を出していない。したがって利得はB円である。

　以上の議論をまとめると、「協力」と「非協力」の利得は次のよ

うにまとめられる。前項と同様に、Cは「協力」の利得、Dは「非協力」の利得、mは協力者の人数を表す。社会的ジレンマの定義と異なり、Cのカッコの中が$m+1$ではなくmになっていることに注意しよう。ここでは、協力者がm人いるときに、その協力者の利得がどうなっているのかを考えているので、カッコの中はmとなっている。

$$C(m) = \begin{cases} -10000 & (m \leq n-1) \\ B - 10000 \text{円} & (m \geq n) \end{cases}$$

$$D(m) = \begin{cases} 0 & (m \leq n-1) \\ B & (m \geq n) \end{cases}$$

以上でナッシュ均衡を求める準備が整った。この橋架けゲームは、今までの2人ゲームと異なり、N人が関係するゲームである。しかし発想は同じで、「ある状態から自分だけ戦略を変更すると利得は低くなるか等しい」ということがすべてのプレーヤーに当てはまるとき、その状態はナッシュ均衡である。先の式にあるように、mの値に応じて利得が変化するので、mを最小の0からだんだん大きくしていって、ナッシュ均衡を見つけることにしよう。

まず、協力者が誰もいない状態（$m=0$）はナッシュ均衡である。なぜなら「非協力」から「協力」に戦略変更すると、利得が$D(0) = 0$円から$C(1) = -10000$円に減少するからである[*2]。ここで$D(0)$と$C(1)$を比較している点に注意しよう。$D(0)$は協力者数0のときの非協力者の利得である。この非協力者の中の誰か1人が「協力」に戦略変更をすれば、協力者数は1になり、戦略変更した協力者（もと非協力者）の利得は$C(1)$となる。それゆえ、$D(0)$と$C(1)$

[*2] ここでは、少なくとも2人以上が協力しないと橋が架からない状況（$n \geq 2$）を想定している。ただし$n=1$の場合も論理的に同じように分析できる。

を比較することになる。この後も、このような論理で利得を比較する。

次に、協力者数 m が 0 人より大きく $n-1$ 人以下の状態はナッシュ均衡ではない。この状態——お金を出している人はいるが、人数が十分ではないので橋は架かっていない状態——では、協力者は「協力」から「非協力」へ戦略変更をする誘因を持つ。なぜなら利得が $C(m) = -10000$ 円から $D(m-1) = 0$ 円に増加するからである[*3]。

m がちょうど n 人のとき——最小限必要な人数がお金を出して橋を架かけられる状態——はナッシュ均衡である。このとき、協力者が「非協力」に戦略変更すると、橋は架からなくなり、利得は $C(n) = B - 10000$ 円から $D(n-1) = 0$ 円に減少する。また非協力者が「協力」に戦略変更すると、利得は $D(n) = B$ 円から $C(n+1) = B - 10000$ 円に減少する。つまり誰も戦略を変更する誘因を持たない。

m が $n+1$ 人以上の状態——必要な人数以上の人がお金を出して橋が架かっている状態——はナッシュ均衡ではない。協力者は「協力」から「非協力」へ戦略を変更する誘因を持つ。なぜなら、戦略変更をしても橋は架かったままなので、利得は $C(m) = B - 10000$ 円から $D(m-1) = B$ 円に増加するからである。

このように、誰もお金を出さないか、橋を架けるのに必要な最少人数 n 人がお金を出す状態がナッシュ均衡である。ただし後者の戦略プロファイルは 1 つではない。N 人から n 人を選び出す必要がある。これは ${}_N C_n$ 通りある。たとえば $N=10$、$n=3$ とすると、10 人からなる小さな地域社会から 3 人の献金者を選ぶだけでも、

---

*3 ナッシュ均衡でないことを証明するためには、少なくとも 1 人のプレーヤーが戦略変更の誘因を持つことを示せばよいことを思い出そう。協力者が戦略変更の誘因を持つことが分かったのだから、非協力者のことは考えなくてよい。

$_{10}C_3 = \dfrac{10!}{3!7!} = 120$個ものナッシュ均衡が存在する[*4]。

ともあれ、誰もお金を出さないナッシュ均衡ではフリーライダーはいない。公共財である橋が架かっていないのだから、それにただ乗りすることはできない。しかしn人がお金を出すナッシュ均衡の場合、残りの$N-n$人はお金を出さずに橋を利用するフリーライダーである。このナッシュ均衡は、誰もお金を出さないので橋が架からないナッシュ均衡に比べて、パレート改善されている。この意味では望ましい均衡である。しかしフリーライダー問題を解決できない。また、誰がお金を出すのかという負担者調整に関する問題も生じる。この調整がうまくいかないと、お金を出す人がn人よりも少なくなっていって、誰もお金を出さないナッシュ均衡に陥ってしまう。この意味では不安定な均衡である[*5]。

規模が小さく、住民の出入りの少ない地域社会ならば、調整も可能だろう。橋を架けるのにはA、B、Cの3人がお金を出し、水路を整備するのにはD、E、F、Gの4人がお金を出す、というようにさまざまな機会で住民の負担が均等になるような仕組みを作れば、調整問題は解決できる。しかし大規模で、住民の出入りの激しい地域社会では、このような調整は不可能である。このため、政府や自治体が強制的に徴税して税金を用いて公共財を供給する制度ができるのだと考えられる。

[*4] 混合戦略ナッシュ均衡まで含めると、もっと増える。
[*5] この橋架けゲームに代表される公共財供給ゲームの均衡に関するより詳細な分析は、佐藤嘉倫，1998『意図的社会変動の理論——合理的選択理論による分析』東京大学出版会，5章を参照されたい。

II　展開形ゲーム

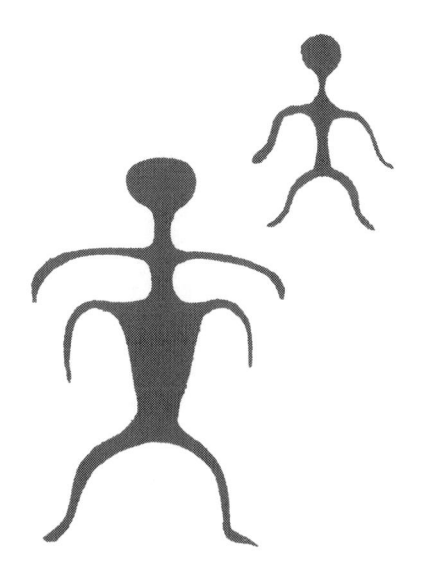

9　展開形ゲーム

——相手の行動を見てから手を選ぶ

　今まで紹介してきたゲームはすべて、プレーヤーが同時に戦略を選択するゲームである。もっとも、実際に同時である必要はない。たとえば2人の子供がジャンケンをする場面を想定しよう。通常は、同時に手（戦略）を出す。後出しジャンケンは「ずるい」と言われる。しかし2人の子供が、自分の手を紙に書いて封筒に入れて審判に渡すとしよう。そして2人から封筒を受け取った審判が封筒の中の紙を見て、勝敗を決める。このとき、2人が自分の手を書いて審判に提出する時間が一緒である必要はない。別々のときに提出しても、相手の手を知らなければ問題はない。ここでのポイントは、「自分の戦略を選択するときには、相手の戦略選択を知らない」ということである。

　このようなゲームを**戦略形ゲーム**と呼ぶことにしよう。また本当にプレーヤーが同時に戦略を選ぶならば、その戦略形ゲームを**同時手番ゲーム**と呼ぶことにしよう。これに対して、本項で紹介する**展開形ゲーム**は、プレーヤーが順番で行動を選択していくゲームである。ここで「行動を選択する」と言っていて「戦略を選択する」とは言っていないことに注意しよう。展開形ゲームの戦略は戦略形ゲームの戦略とは（よく考えれば同じだが）表面上、少し異なってい

るので、ここでは「戦略」ではなく、「行動」という言葉を使っている。このことについては後で触れることにしよう。

さて、まず展開形ゲームをどういうふうに表現するか考えよう。戦略形ゲームの場合は、プレーヤーが2人ならば利得行列の形で表現できる。しかし利得行列では、プレーヤーの順番を表現できない。順番を表現するためには、**ゲームツリー**（ゲームの木）による表現が必要である。

具体例で説明した方が分かりやすいので、後出しジャンケンを例にとろう。初めに手を出す子供Aはグーかチョキかパーを出す。これに対して、後出しする子供Bもグーかチョキかパーを出す。ただし子供Aと違うのは、子供Aが出したそれぞれの手に対して、グーかチョキかパーを出していることである。この状況をゲームツリーで表現すると次のようになる[*1]。全体として木のように見えるので、ゲームツリーという名前が付けられている。

このゲームツリーを用いて、展開形ゲームに関するいくつかの概

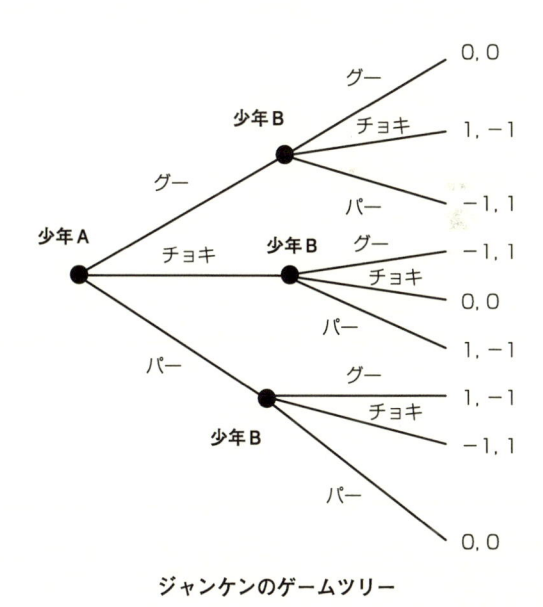

ジャンケンのゲームツリー

念を説明しよう。まず図の黒丸は**ノード**（node）と呼ばれる。それぞれのノードでプレーヤーは選択をする。左端のノードはゲームの始点であり、少年Ａが手を選ぶ。ノードで選ばれる手を**行動**（action）と呼ぶ。ここでは、少年Ａは「グー」、「チョキ」、「パー」という３つの行動の中から１つの行動を選ぶ。これらの行動を図では**枝**で表している。そして、それぞれの枝の先にある３つのノードでは少年Ｂが行動を選択する。そして少年Ｂの行動選択によってジャンケンの結果が決まり、２人の利得が決まる。それが図の右端にある数字である。左側の数字は少年Ａの、右側の数字は少年Ｂの利得を表している。たとえば少年Ａが「グー」を選んで、少年Ｂが「グー」を選んだ場合、引き分けなので利得は（0, 0）である。しかし少年Ｂが「チョキ」を選ぶならば、少年Ａが勝つので利得は（1, −1）である[*2]。そして、この行動の流れ──「グー」→「グー」や「グー」→「チョキ」──はゲームの**結果**と呼ばれる。

ここで「行動」と「戦略」の違いを説明しよう。展開形ゲームにおけるあるプレーヤーの戦略は、ゲームツリーの中のそのプレーヤーのすべてのノードの可能な行動を集めたものである。この定義によれば、少年Ａに関しては、戦略と行動とは一致する。少年Ａのノードは左端の黒丸１つだけなので、ここの「グー」、「チョキ」、「パー」が彼の戦略＝行動になる。

しかし少年Ｂの戦略はもっと複雑である。彼のノードは少年Ａのノードから伸びた枝の先にある３つの黒丸である。この３つの黒丸における少年Ｂの可能な行動を集めた全体が彼の戦略になる。たとえば、実際にはありそうもないが、可能性としては、すべての黒丸

---

*１　慣例で、ゲームツリーは左から右に展開するか、上から下に展開することが多い。

*２　ちなみに、このようにプレーヤーの利得の合計が０になるゲームを**ゼロ和ゲーム**と呼ぶ。ゼロ和とは「利得の合計が０」の意味である。これに対して、今まで紹介した囚人のジレンマゲームや調整ゲームなどは**非ゼロ和ゲーム**と呼ばれる。ゲーム理論の黎明期にはゼロ和ゲームの研究が進んだが、現在では非ゼロ和ゲームの研究が主流である。ただし両者は異なるものではなく、ゼロ和ゲ

で「グー」を選ぶならば、戦略は「グー」—「グー」—「グー」となる。しかし、少年Aが「グー」を選んだならば少年Bは「チョキ」を選び、少年Aが「チョキ」を選んだならば少年Bは「グー」を選び、少年Aが「パー」を選んだならば少年Bが「パー」を選ぶならば、少年Bの戦略は「チョキ」—「グー」—「パー」となる。少年Bのそれぞれのノードで3つの行動があるので、戦略の数は3×3×3＝27個あることになる。

実際にゲームが始まって、少年Aが「チョキ」を選んだら、少年Bが一番上のノードと一番下のノードの戦略を行動として選択する機会はない。彼の行動は、真ん中のノードの3つだけである。しかし彼の戦略には、このように選ばれないかもしれないノードも含まれるのである。

ここで重要なことは、ゲームが始まる前から、少年Bの番になる3つのノードすべてにおける行動が決定されているということである。ゲームが始まってから、自分の番になってどうするか考えるのではなく、ゲームが始まる前にすべての起こりうる自分の行動が選択されている[*3]。このことは、後述する展開形ゲームの均衡を求める際に必要になる。

さて、ここまでは純粋戦略の話である。次に混合戦略について考えよう[*4]。もし少年Aが混合戦略を用いるならば、「グー」と「チョキ」と「パー」を混合化し、たとえば「グー」に確率0.2、「チョキ」に0.7、「パー」に0.1を割り当てたものが混合戦略の1つになる。少年Bの場合はどうか。彼は上で述べた27個の戦略を混合化する。すべてを混合化する必要もないので、たとえば「グー」—

　　ームは非ゼロ和ゲームの特殊ケースだと考えることができる。
＊3　後出しジャンケンのような単純なゲームならば、このことは妥当するだろう。しかし将棋のような複雑なゲームでは、ゲームを始める前にプレーヤーが自分のすべての可能な手番（ノード）での行動を決めておくことは不可能である。もし可能ならば、将棋を始める前に勝負がついていることになる。将棋では、局面ごとに数手先まで読むような選択が行われていると考えられる。
＊4　「3　純粋戦略と混合戦略」の項参照。

「グー」—「チョキ」に確率0.3を割り当て、「チョキ」—「パー」—「パー」に0.5、「パー」—「グー」—「グー」に0.2を割り当てる混合戦略が例としてあげられる。

論理的には、このように少年Bの混合戦略を作ることができる。しかしそれは何を意味しているのだろうか。ほとんど意味をなさないだろう。展開形ゲームのポイントは、それぞれのノードでのプレーヤーの行動選択である。したがってノードでプレーヤーが行動を混合化することは理解できる（たとえば少年Bが一番上のノードで「グー」に確率0.1、「チョキ」に0.3、「パー」に0.6を割り当てる）。そこで本書では、ノードでの行動選択の混合化は認めるが、戦略の混合化は認めない立場をとろう[*5]。

ここで、今まで紹介してきた戦略形ゲームをゲームツリーで表現できるかどうか考えてみよう。例として、「1　ゲーム理論の考え方」の項で紹介したチキンゲームを取り上げよう。このゲームの利得行列は下のようになっていた。

ここで2人が同時に対向して走り出すのではなく、今度は、崖に向かって、ギリギリまで直進するか、手前で曲がるかが勝負だとしよう。少年Aが先手、少年Bが後手だとする。この場合は、後出しジャンケンのようなゲームツリーを書くことができる。それは次ページ図左のようになる。

それでは、同時手番のチキンゲームはどのように表現すればよいのだろうか。冒頭で述べたように、戦略形ゲームでは「自分の戦略を選択するときには、相手の戦略選択を知らない」。このことをゲームツリーでも表現できるようにする概念が**情報集合**である。ある

チキンゲームの利得行列

		少年B	
		直進	曲がる
少年A	直進	1, 1	4, 2
	曲がる	2, 4	3, 3

プレーヤーの情報集合は、そのプレーヤーの番になっている、1つまたは複数のノードからなる。ただし複数のノードがある場合は、そのプレーヤーは自分が情報集合の中のどのノードにいるかが分からないものとする。

やや分かりにくい概念なので、チキンゲームで説明しよう。情報集合を用いると、同時手番チキンゲームも下図右のゲームツリーで表すことができる[*6]。少年Aの情報集合は1つのノードだけからなる。少年Bの情報集合は上と下の2つのノードからなるので、それを点線でつなげることにする[*7]。

このゲームツリーで、少年Aは少年Bの選択を知らずに「直進」か「曲がる」を選択する。少年Bも少年Aの選択を知らずに――つまり自分が上のノードにいるのか下のノードにいるのかを知らずに――「直進」か「曲がる」を選択する。

さて、後出しジャンケンや先手後手の決まったチキンゲームのように、すべての情報集合が1つのノードからなるゲームは、**完全情報ゲーム**と呼ばれる。これに対して、同時手番チキンゲームのように、少なくとも1つの情報集合が複数のノードからなるゲームは、**不完全情報ゲーム**と呼ばれる[*8]。

不完全情報ゲームでは、複数のノードからなる情報集合を持つプレーヤーはノードではなく情報集合において行動を選択する。このことは少し分かりにくいので注意しよう。自分の番になったときに、

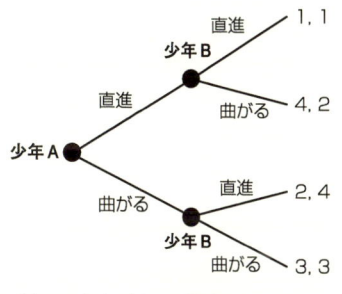

少年Aが先手、少年Bが後手のチキンゲーム 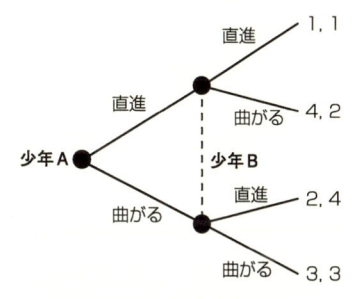　　同時手番チキンゲームのゲームツリー

プレーヤーは情報集合の中のどのノードにいるのか分からない。分かっているのは、情報集合に到達したということだけである。したがってプレーヤーは、情報集合において行動を選択することになる。1つのノードからなる情報集合の場合は、ノードと情報集合は一致するので、やはりプレーヤーは情報集合において行動を選択すると考えてよい。

以上のことから、完全情報ゲームでも不完全情報ゲームでも、展開型ゲームではプレーヤーは自分の情報集合で行動を選択し、その行動をすべて集めたものが戦略であると見ることができる[*9]。

この考え方で、少年Aが先手、少年Bが後手のチキンゲームと同時手番チキンゲームにおける少年たちの戦略を見てみよう。前者のゲームでは、少年Aの情報集合は1つしかなく、それは1つのノードからなるので、戦略は「直進」と「曲がる」である（少年Aの場合、戦略と行動は一致する）。少年Bの場合、1つのノードからなる情報集合が2つあり、どちらでも「直進」と「曲がる」の行動選択がある。したがって彼の戦略は「直進」―「直進」、「直進」―「曲がる」、「曲がる」―「直進」、「曲がる」―「曲がる」の4つである。一方、同時手番チキンゲームでは、少年Aの戦略は先手後手ゲームの場合と同じで「直進」と「曲がる」である。少年Bの場合、先手後手ゲームとは異なり、2つのノードからなる情報集合で行動――「直進」か「曲がる」――を選択する。そして彼の情報集合はこれだけなので、戦略も「直進」か「曲がる」である。

このように情報集合を用いることで、プレーヤーの順番の有無や

---

*5 このことについては武藤滋夫, 2001『ゲーム理論入門』日本経済新聞社, 第Ⅲ章に詳しく、かつ分かりやすい解説があるので、参考にされたい。

*6 このゲームツリーでは少年Aを先にしているが、少年Bを先にしても同じである。

*7 情報集合の表現にはいくつかの方法がある。武藤滋夫, 2001『ゲーム理論入門』日本経済新聞社, は同じ情報集合に含まれるノードを丸で囲んでいる。そうすると、1つのノードからなる情報集合もそのノードを丸で囲むことで明確に表現できる。ただし図の描き方がやや煩雑になるので、本書では、複数のノ

プレーヤーの不確実性——自分が情報集合のどのノードにいるのか分からない——を明確に定めることができる。情報集合をうまく用いるのが、展開形ゲームで現実の社会現象を分析するための1つのコツである。ただし情報集合を作るには重要な規則が1つあり、それに従わなければならない。それは「同じ情報集合に属しているノードから選択されうる行動は同じでなければならない」というものである。同時手番チキンゲームのゲームツリーをもう一度見てみよう。少年Bの情報集合に属する上のノードでも下のノードでも行動は「直進」と「曲がる」である。仮に、上のノードの行動が「直進」と「曲がる」で、下のノードの行動が「そばを食べる」と「ラーメンを食べる」だったとしよう。この情報集合で少年Bが「直進」と「曲がる」のどちらかを選ぶように言われたら、彼は自分が上のノードにいると分かってしまう。これでは、2つのノードが同じ情報集合に属する意味がなくなってしまう。また上のノードの行動が「直進」と「曲がる」で下のノードの行動が「直進」、「曲がる」、「止まる」というように、ノードによって行動の数が違う場合も、少年Bは情報集合でどちらのノードにいるか分かってしまう。上の規則は、このようなことが起こらないように情報集合を作ることを指示している。

　以上で、展開形ゲームの構造を理解し、自分で展開形ゲームを作るための基礎概念を説明したが、まだ展開形ゲームで話はどこに落ち着くのか、つまりどの戦略プロファイルが均衡になるのかについては述べていない。展開形ゲームの均衡については次項で解説する。

　　ードからなる情報集合の場合はそのノードを点線でつなぎ、1つのノードからなる情報集合の場合は、特に明記しないことにした。
* 8　完全情報・不完全情報と後から出てくる完備情報・不完備情報は異なる概念なので、違いに注意しよう。
* 9　先に、「展開形ゲームにおけるプレーヤーの戦略は、ゲームツリーの中でそのプレーヤーのすべてのノードの行動選択を集めたものである」と述べたが、これは完全情報ゲームにのみ当てはまる。この定義の中の「ノード」を「情報集合」としたのが本文中の定義である。こうすることで、完全情報ゲームでも不完全情報ゲームでも同じ定義を用いることができる。

10 部分ゲーム完全ナッシュ均衡

――部分ゲームを切り出す

　展開形ゲームで用いられる均衡概念は、**部分ゲーム完全ナッシュ均衡**というものである。もちろんナッシュ均衡と無関係な概念ではなく、それぞれの部分ゲームでナッシュ均衡となっている行動を集めた戦略プロファイルのことである。それでは**部分ゲーム**とは何だろうか。この概念を理解することが、部分ゲーム完全ナッシュ均衡を理解するための鍵である。

　簡単に言えば、部分ゲーム――「サブゲーム」と呼ばれることもある――は、展開形ゲームのゲームツリーの一部を切り出したものである。ただし勝手に切り出してもよいわけではなく、次の3つの条件を満たさなければならない。第1は、1つのノードだけを含む情報集合から始まっていること、第2は、その情報集合から後に続くすべてのノードを含むこと、第3は、後に続くノードの情報集合を切断しないことである。これらの条件は抽象的で分かりにくいので、具体例で説明しよう。

　同時手番チキンゲームをもう一度見てみよう（次ページ図左）。まず少年Aの情報集合から始まるゲーム（これは全体のゲームでもある）は部分ゲームである[*1]。1つのノードだけを含む情報集合から始まっているので第1条件を満たす。そして、この情報集合から

＊1　全体のゲームを部分ゲームに含めるか含めないかはゲーム理論の研究者によって異なるようである。本書では含めることにする。

後に続くすべてのノード（この場合は少年Bのノード）を含んでいるので、第2条件を満たす。最後に、少年Bの情報集合を切断していないので、第3条件を満たす。一方、少年Bの情報集合から始まるゲームは2つのノードがある情報集合から始まっているので、第1条件を満たさない。したがってこのゲームは部分ゲームではない。

次に少年Aが先手、少年Bが後手のチキンゲームを見てみよう（下図右）。少年Aのノードから始まる全体のゲーム、少年Bの上のノードから始まるゲーム、少年Bの下のノードから始まるゲームは部分ゲームである。しかし図の中の楕円で囲まれた部分は部分ゲームではない。なぜなら、少年Aのノード（情報集合）から続く少年Bの下のノードが含まれていないからである。つまり第2条件を満たしていない。

次ページの図のノードXから始まる楕円部分は、第3条件を満たさない例である。この部分が部分ゲームであるためには、（第2条件から）ノードYを含めなければならない。しかしノードYはノードZと同じ情報集合に属していて、ノードZはノードXの後に続いていない。このため、ノードZをノードXから始まる部分ゲームに含めることはできず、楕円部分はノードYの情報集合を切断することになる。

以上で、展開形ゲームから部分ゲームを切り出す方法を理解でき

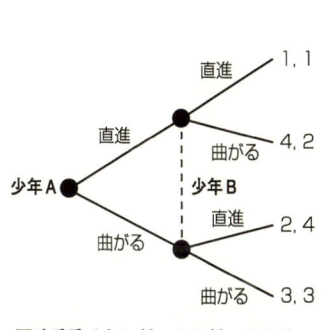

同時手番チキンゲームのゲームツリー

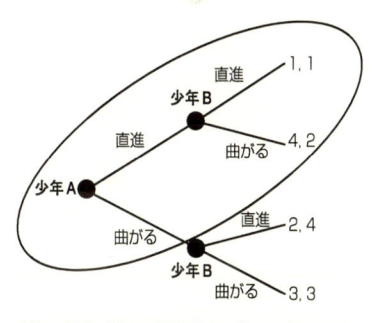

少年Aが先手、少年Bが後手のチキンゲームのゲームツリー
（楕円で囲まれた部分は部分ゲームではない。）

ただろう。上述したように、展開形ゲームの均衡概念である部分ゲーム完全ナッシュ均衡は、その展開形ゲームのそれぞれの部分ゲームでナッシュ均衡となる行動を集めたものである。ポイントは、集め方の順番である。もっとも右側の部分ゲームから徐々に左に進んで、もっとも左側の部分ゲームに到達する**逆向き帰納法**（backward induction）によって部分ゲーム完全ナッシュ均衡を求める。

　まずは、後出しジャンケンを例にとって説明しよう。このゲームには、少年Bの3つのノードそれぞれから始まる3つの部分ゲームと、少年Aのノードから始まる部分ゲームがある（これは全体のゲームでもある）。まずもっとも右側の3つの部分ゲームに着目する。一番上の部分ゲームにおいて、少年Bが「グー」を選択すると彼の利得は0、「チョキ」を選択すると利得は-1、「パー」を選択すると利得は1である。したがって少年Bの最適反応は「パー」である。この部分ゲームでは少年Bしかプレーしないので、この最適反応「パー」がこの部分ゲームのナッシュ均衡である。同様に、真ん中の部分ゲームでは少年Bの最適反応は「グー」、一番下の部分ゲ

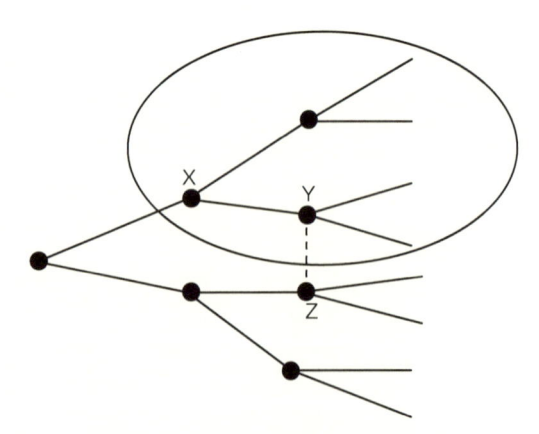

部分ゲームの第3条件が満たされない例
（楕円で囲まれた部分は部分ゲームではない。）

ームでは少年Bの最適反応は「チョキ」である（下図左）。

次に、これらの部分ゲームの代わりに、部分ゲームのナッシュ均衡のもとで実現する利得を用いる。すると、後出しジャンケンは「刈り込まれて」、下図右のようになる。なぜこのようなことができるのか説明しよう。少年Aの立場からこれらの部分ゲームを見ると、少年Bは合理的なプレーヤーで、自分の番（ノード）では最適反応を選択するはずである。したがって、そのノードから後の部分ゲームの結果（利得）を確実に予測できる。そこで、部分ゲームをその利得に置き換える。

この刈り込まれた部分ゲームで少年Aは何を選ぶだろうか。行動のどれを選んでも利得は−1なので、彼の最適反応は「グー」、「チョキ」、「パー」の3つである。

そして少年Aと少年Bの戦略を組み合わせた（グー，パー―グー―チョキ）、（チョキ，パー―グー―チョキ）、（パー，パー―グー―チョキ）が部分ゲーム完全ナッシュ均衡であり、それらのもとで実現する利得はすべて（−1, 1）である。

さてここで（グー，パー―グー―チョキ）を例にとって部分ゲーム完全ナッシュ均衡の特徴を説明しよう。この均衡が成立しているとき、少年Aが「グー」を選んで少年Bはそれに対応して「パー」

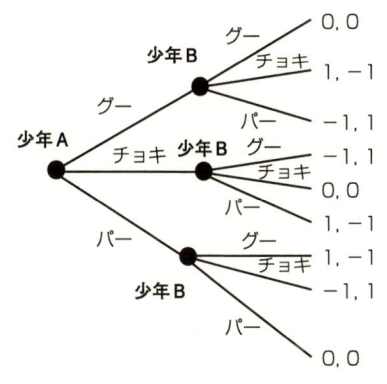

後出しジャンケンのゲームツリー 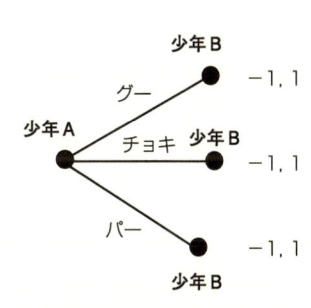　　**刈り込まれた後出しジャンケンのゲームツリー**

を選ぶ。この「グー」→「パー」という流れを**均衡経路**と呼ぶ[*2]。そして、このときの少年Aのノードと少年Bのノードは「均衡経路上にある」という。ここで、「このように均衡経路が決まれば、均衡経路上にはない真ん中のノードや一番下のノードから始まる部分ゲームでの少年Bの選択は関係ないではないか」という疑問が生じるかもしれない。実は、大いに関係がある。なぜなら、少年Aは均衡経路上にない少年Bのノードにおける彼の行動選択を考慮して「グー」を選んでいるからである。たとえば、少年Aは「チョキを出したら相手はグーを選ぶし、パーを出したら相手はチョキを選ぶだろう。それならグーを選んで相手がパーを出しても同じことだ」と考えるだろう。このことを理解することが、部分ゲーム完全ナッシュ均衡を理解する鍵である。

　ここまで解説してくれば、チキンゲームの部分ゲーム完全ナッシュ均衡を求めるのは簡単である。少年Aが先手、少年Bが後手のチキンゲームの場合、少年Bの上のノードから始まる部分ゲームと下のノードから始まる部分ゲーム、そして少年Aのノードから始まる部分ゲーム（全体ゲーム）という3つの部分ゲームがある。少年Bの上のノードから始まる部分ゲームにおける彼の最適反応は「曲がる」であり、利得は（4, 2）である。少年Bの下のノードから始まる部分ゲームにおける彼の最適反応は「直進」であり、利得は（2, 4）である。少年Bがこのような選択をするだろうと予測する少年Aは、自分のノードから始まる部分ゲームで、2つの利得（4, 2）と（2, 4）を比較して、自分の利得が高い前者を実現する「直進」を選ぶ。したがって、部分ゲーム完全ナッシュ均衡は（直進，曲が

[*2] 均衡経路のより詳細な説明は「17　完全ベイジアン均衡」の項で行う。

る—直進）である。後出しジャンケンでは後手有利だったのに対して、このチキンゲームでは先手有利であることに注意しよう。後手有利なので後出しジャンケンは「ずるい」ということになる。しかし先手後手の順番のあるチキンゲームでは、先手が「直進」を選ぶことで、ゲームの結果を有利にもっていける[*3]。

　同時手番のチキンゲームの場合は、少年Aのノードから始まる全体ゲームだけが部分ゲームである。したがってこの全体ゲームのナッシュ均衡がそのまま部分ゲーム完全ナッシュ均衡になる。具体的には、（直進，曲がる）と（曲がる，直進）という2つの純粋戦略均衡と1つの混合戦略均衡がある。混合戦略均衡については、読者の復習問題としよう。

[*3] このことは「コミットメント」と関係する。たとえ同時手番であっても、少年Aが「俺は絶対に直進し続ける」とゲームの前に宣言し（これが直進へのコミットメント形成である）、少年Bがその宣言を信じたならば、彼は「曲がる」を選択するだろう。

11 信用できない脅し

——銀行強盗は爆弾を爆発させるか

　前項で部分ゲーム完全ナッシュ均衡の説明をしたが、本項ではなぜ展開形ゲームでは、ナッシュ均衡ではなく、この概念を用いる必要があるのかを説明しよう。

　同時手番チキンゲームの場合には、両者が同じであることは前項で確認した。それでは、少年Aが先手、少年Bが後手のチキンゲームの場合はどうだろうか。部分ゲーム完全ナッシュ均衡は（直進, 曲がる―直進）だった。このゲームのナッシュ均衡を求めてみよう。

　そのためには、展開形ゲームを戦略形ゲームの利得行列として

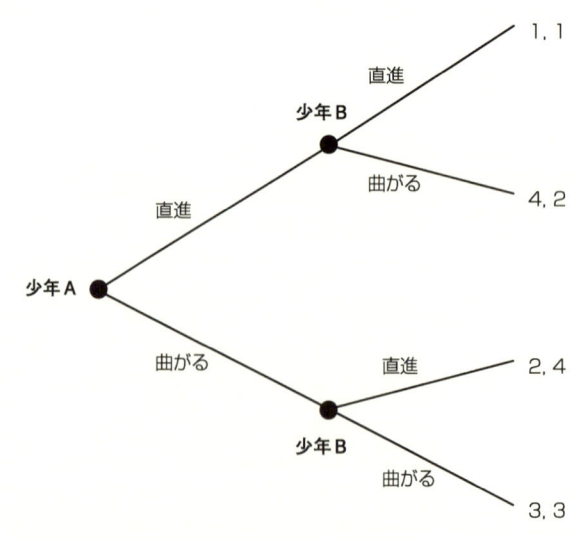

少年Aが先手、少年Bが後手のチキンゲームのゲームツリー

表現すればよい。ただし、通常の利得行列とは異なり、少年Bの戦略は、直進―直進、直進―曲がる、曲がる―直進、曲がる―曲がるの4つである。このとき利得行列は下の表のようになる。これらの利得は、それぞれの戦略プロファイルのもとでの結果の利得である。たとえば、戦略プロファイル（直進，直進―曲がる）の場合、結果は直進 → 直進であり、そのときの利得は（1，1）である。また（曲がる，直進―曲がる）の場合、結果は曲がる → 曲がるであり、利得は（3，3）である。

　この利得行列で表されるゲームのナッシュ均衡は、（直進，曲がる―直進）、（直進，曲がる―曲がる）、（曲がる，直進―直進）の3つである。一方、部分ゲーム完全ナッシュ均衡は（直進，曲がる―直進）である。

　なぜ、（直進，曲がる―曲がる）と（曲がる，直進―直進）は、ナッシュ均衡なのに、部分ゲーム完全ナッシュ均衡ではないのだろうか。それは、展開型ゲームにおいて、ナッシュ均衡が、均衡経路上にない部分ゲームでプレーヤーが最適反応を選ばないことを許すからである。（直進，曲がる―曲がる）の場合、少年Bの下のノードから始まる部分ゲームは均衡経路上になく、少年Bがこの部分ゲームで「曲がる」を選択するとしてしまうのである。しかしここでの彼の最適反応は「直進」である。なぜなら「直進」を選べば利得は4、「曲がる」を選べば利得は3だからである。同様に、（曲がる，直進―直進）の場合、少年Bの上のノードから始まる部分ゲームは均衡経路上になく、少年Bは「直進」を選択するとしてしまう。しかし「直進」を選ぶと利得は1、「曲がる」を選ぶと利得は2とな

少年Aが先手、少年Bが後手のチキンゲームの利得行列

		少年B			
		直進―直進	直進―曲がる	曲がる―直進	曲がる―曲がる
少年A	直進	1, 1	1, 1	4, 2	4, 2
	曲がる	2, 4	3, 4	2, 4	3, 4

り、やはり「直進」は最適反応ではない。

　なぜこうなるのか、もう少し考えてみよう。このナッシュ均衡の問題を端的に表しているのが、**信用できない脅し**と呼ばれるゲームである。このゲームのストーリーはとても単純である。強盗が銀行に押し入り、爆弾を片手に持って「1億円出さないと、この爆弾を爆発させるぞ」と叫ぶ。銀行は、この強盗に1億円渡すだろうか。

　この問題に答えるために、この状況をゲームツリーで表そう。銀行が先手で、1億円を強盗に渡すかどうか決める。渡すならば、強盗はその1億円を持って逃げるので、強盗の利得は1億円である。銀行はその分の損害を被るので、−1億円の利得である。銀行が1億円を渡さないと、強盗の番になり、爆弾を爆発させるか、させないかの選択をする。爆発させると、強盗は怪我をするし死んでしまうかもしれない。この場合の利得を−3億円としよう。銀行も、他の客が怪我をしたり死亡したりするだろうし、建物も損害を受ける。この場合の利得を−10億円としよう。強盗が爆弾を爆発させないと、現状のままなので、強盗の利得も銀行の利得も0円である（強盗が捕まるマイナスの利得はとりあえず考慮しない）。

　この状況のゲームツリーは下のようになる。

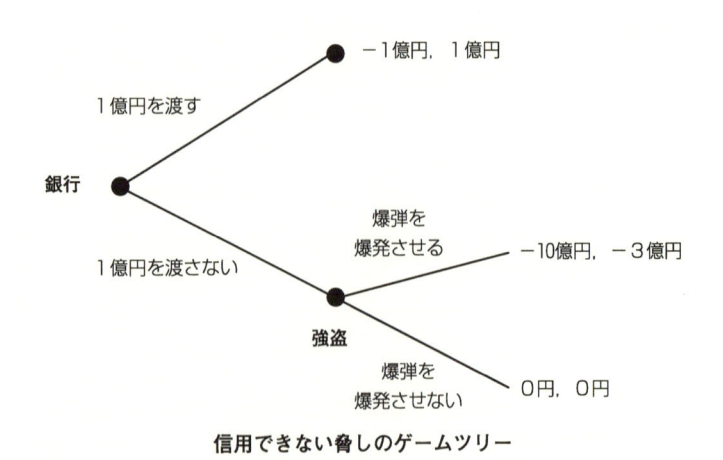

信用できない脅しのゲームツリー

これでこのゲームの部分ゲーム完全ナッシュ均衡を求める準備が整った。このゲームの部分ゲームは、強盗のノードから始まるゲームと銀行のノードから始まるゲーム（これは全体のゲームでもある）の２つである。前者の部分ゲームにおける強盗の最適反応は「爆弾を爆発させない」である。爆発させると利得は－3億円、爆発させないと利得は0円だからである。このことを銀行は知っている。したがって銀行のノードから始まる部分ゲームにおける銀行の最適反応は「1億円を渡さない」である。渡さなければ利得は0円、渡せば利得は－1億円になるからである。

　したがって部分ゲーム完全ナッシュ均衡は（1億円を渡さない，爆弾を爆発させない）である。この均衡のもとでの均衡経路は「1億円を渡さない」→「爆弾を爆発させない」であり、利得は（0円，0円）である。つまり強盗の「1億円出さないと、この爆弾を爆発させるぞ」という脅しは、銀行に信用されなかったわけである。

　それでは、このゲームのナッシュ均衡はどうなるだろうか。先のチキンゲームのように利得行列を作ってみよう。銀行の戦略は「1億円を渡す」と「1億円を渡さない」である。強盗の戦略は「爆弾を爆発させる」と「爆弾を爆発させない」である。そして利得は、これらの戦略を組み合わせた戦略プロファイルのもとでの経路によって決まる。（1億円を渡す，爆弾を爆発させる）の場合、経路は「1億円を渡す」なので、利得は（－1億円，1億円）である。同様に他の戦略プロファイルの利得も分かる。それらをまとめると、下の利得行列になる。

　この利得行列のナッシュ均衡は（1億円を渡す，爆弾を爆発させ

信用できない脅しの利得行列

		強盗	
		爆弾を爆発させる	爆弾を爆発させない
銀行	1億円を渡す	－1億円，1億円	－1億円，1億円
	1億円を渡さない	－10億円，－3億円	0円，0円

る）と（1億円を渡さない，爆弾を爆発させない）である。後者は部分ゲーム完全ナッシュ均衡と一致する。しかし前者は一致せず、銀行は強盗の脅しを信じたことになる。

　なぜそのようなことが起こるのかは、もうお分かりだろう。このナッシュ均衡は、均衡経路上にない強盗のノードから始まる部分ゲームで、強盗が最適反応ではない「爆弾を爆発させる」という行動を選ぶことを許してしまうからである。部分ゲーム完全ナッシュ均衡は、すべての部分ゲームでプレーヤーが最適反応を選択することを要求するので、このようなことは生じない。以上で、展開形ゲームの均衡に部分ゲーム完全ナッシュ均衡を用いる理由が理解できただろう。

　最後に1つ注意すべきことがある。それは、ナッシュ均衡と部分ゲーム完全ナッシュ均衡はまったく別の概念ではない、ということである。後者は前者の考えを展開形ゲームに適用できるように、「すべての部分ゲームでプレーヤーは最適反応を選択する」という条件を追加したものである。ゲーム理論の用語を借りるならば、後者は前者を精緻化した（refine）均衡概念である。このため、部分

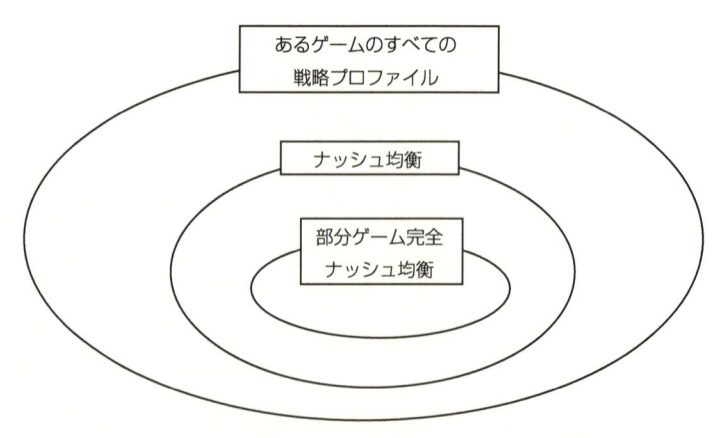

ナッシュ均衡と部分ゲーム完全ナッシュ均衡の関係

ゲーム完全ナッシュ均衡ならば、必ずナッシュ均衡だが、（上の例で見てきたように）逆は必ずしも成り立たない。図で書くと前ページの図のようになる。ゲーム理論の最前線では、このような均衡概念の精緻化が行われている。

12 信頼ゲーム

―――信頼か裏切りか

　本項では、展開ゲームを用いた研究の一例として、信頼に関する研究を紹介しよう。考えてみれば、人を信頼するということはリスクを伴う行為である。相手に裏切られるかもしれないからだ。それにもかかわらず、人はなぜ他人を信頼するのだろうか。社会の文化に着目した議論や人間関係に着目した社会関係資本論などもあるが、ここではゲーム理論の視点から考えよう。

　この視点から見ると、端的に言って、人が他人を信頼するのは利得が高くなる可能性があるからである。Aという人がBを信頼するかどうか考えている場面を想定しよう[*1]。Bを信頼しないならば現状のままなので、Aの利得は0である。Bを信頼してBが信頼に応えてくれるならば、Aの利得は現状よりも良くなる。それを G（>0）で表そう。Bを信頼したのにBに裏切られるならば、Aの利得は現状よりも悪くなる。それを $-L$（<0）で表そう。ここでBがAの信頼に応える確率を p、裏切る確率を $1-p$ としよう。

　この状況は次のゲームツリーで表すことができる（次ページ）。ここでBの利得が表示されていないこと、そしてBの行動が確率的に決まることに注意しよう。このことについては、後で再検討する。

　この状況においていかなる条件が満たされると、AはBを信頼す

[*1] この状況は James S. Coleman, 1990, *Foundations of Social Theory*, The Belknap Press of Harvard University Press（久慈利武（監訳），2004-2006『社会理論の基礎(上)(下)』青木書店.）．による。

るのだろうか。ここでも最適反応の考えを用いることができる。Bの行動は確率的に決まるので、この状況はAだけの行動選択によって結果が決まる。AがBを信頼しない場合は、Aの利得は0である。AがBを信頼する場合は、期待利得を計算する。それは$pG+(1-p)(-L)=(G+L)p-L$である。この期待利得が信頼しない場合の期待利得0よりも大きければ、AはBを信頼するだろう。それは

$$(G+L)p-L > 0$$
$$p > \frac{L}{G+L} = \frac{1}{\frac{G}{L}+1}$$

となる。

　この式は、信頼の基本的な特性を的確に表現している。Bが信頼に応えた場合の利得Gが大きくなるほど、不等式の右辺の値は小さくなる。したがって、小さいpでも不等式を満たしうる。小さいpはBが信頼に応える確率が低いことを意味する。つまりBの信頼性が低くても、Bを信頼することから得られる利得が大きければ、Aはこの「賭け」にのる。

　一方、Bが裏切った場合の損失$-L$が大きくなるほど、不等式の

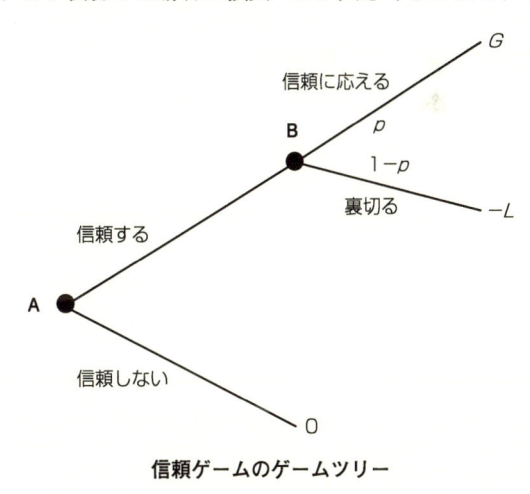

信頼ゲームのゲームツリー

右辺の値は大きくなる。したがってこの不等式を満たすためには、p の値も大きくならなければならない。つまり裏切られたときのダメージが大きい場合には、Bがよほど信頼できる人間でないと、AはBを信頼しない。

さて、なぜBの行動は確率的に決まるのだろうか。Bも人間なので、Aと同じようにゲームのプレーヤーとして行動選択すると考える方がゲーム理論のモデルとして自然なのではないだろうか。上のモデルに対してこのような疑問が生じる。この疑問に答えるために、次のように考えてみよう。

AはBが信頼に応えてくれる（trustworthy）タイプなのか、裏切るタイプなのか分からない。信頼に応えるタイプならば、Bにとって「裏切り」の利得よりも「信頼に応える」利得の方が高い。そこで前者を5、後者を10としよう。なおAに信頼されない場合は、現状のままなので利得は0とする。この状況のゲームツリーは下図左のようになる。

Bが裏切るタイプならば、Bにとって「信頼に応える」利得よりも「裏切り」の利得の方が高い。そこで前者を5、後者を10としよう。この状況のゲームツリーは下図右のようになる。

この2つのゲームツリーがある状況で、Aはどのような戦略をとるだろうか。もちろん、Bが信頼に応えるタイプか裏切るタイプか分かっていれば、話は簡単である。前者ならばBを信頼するし、後者ならば信頼しない。しかし信頼とは、そもそも、相手がどちらの

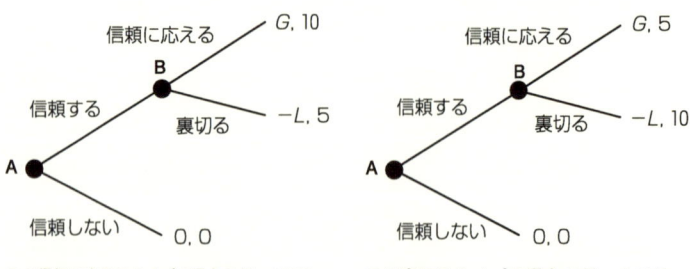

Bが信頼に応えるタイプの場合のゲームツリー　　　**Bが裏切るタイプの場合のゲームツリー**

タイプか確実には分からないところに、その特徴がある。そのため、AはBが信頼に応えるタイプである確率をpだと推測し、裏切るタイプである確率を$1-p$だと推測する。これが、本項の一番初めに提示したゲームツリーにおけるBの行動を予測する確率になっている。この確率は、Aが今までにいろいろな人と付き合ってきた経験によって決まると考えられる。信頼に応えてくれる人と頻繁に付き合ってきたならば、pの値は高いだろう。しかし人に裏切られ続けてきたら、その値は低いだろう。またBが信頼に応えるように見えるかどうかでも、その値は変わってくるだろう。

このような状況の分析には、展開形ゲームをさらに発展させた不完備情報ゲームが適している。このゲームについては第16項で詳述する。

13 展開形ゲームによる複占の分析

──市場支配の戦略

　戦略形ゲームの場合と同様に、展開形ゲームでも連続型戦略[*1]を用いた分析ができる。その具体例として、第5項で検討した複占状況を再分析しよう。第5項では、2つの企業──A社とB社──が同時に戦略(自社の自動車生産台数)を選択すると想定した。本項では、A社が先に自社の生産台数を決め、その後にB社が自社の生産台数を決める状況を想定しよう。

　この状況は下のゲームツリーで表される。離散型戦略のゲームツリーとは異なり、A社のノードから1本ずつ枝を書いていくことはできない。B社のノードの場合も同様である。そこで、図にあるような扇形で連続型戦略を表現することにしよう。A社の扇形の先から出ている扇形は、A社のある戦略(生産台数 x 台)に対応したB社の可能な行動である(なおB社の戦略は、A社の生産台数それぞれに対応した行動(生産台数)を集めたものである)。

　戦略が連続型でも、部分ゲーム完全ナッシュ均衡の求め方は離散型戦略の場合と同じである。まずB社のノードから始まる部分ゲー

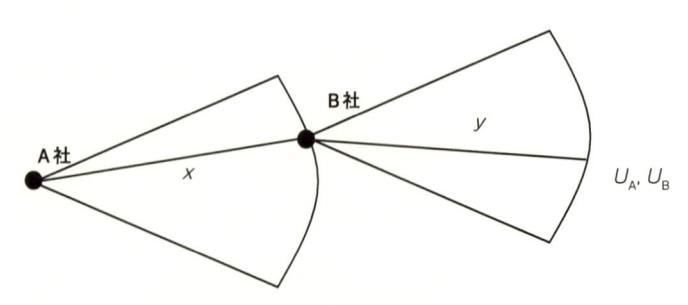

A社が先手、B社が後手の複占のゲームツリー

ムにおけるB社の最適反応を求める。次に、（A社はこのB社の最適反応を予測していると仮定して）A社のノードから始まる部分ゲーム（これは全体のゲームでもある）におけるA社の最適反応を求める。こうして求まった戦略プロファイルが、部分ゲーム完全ナッシュ均衡である。

まずB社の最適反応を求めよう。第5項で解説したように、B社の利益は、車両価格とB社の生産台数の積から生産コストとB社の生産台数の積を引いたものである。ただし車両価格はA社とB社の生産台数が多くなるほど安くなる。第5項では、それを$10000000-(x+y)$とした。したがって、A社がx台を生産するとき、y台を生産するB社の利益は次のようになる。

$$U_B = (10000000-(x+y))y - 1000000y \tag{1}$$

ここで重要なことは、B社はA社の生産台数xを決めることができない、ということである。したがってB社は、xを所与として（定数として）、U_Bを最大にするyの値を決めることになる。その値は、この式をyで偏微分し、それを0に等しいとすれば求まる。すなわち

$$\frac{\partial U_B}{\partial y} = 10000000 - x - 2y - 1000000$$

を0に等しいとして、その方程式をyについて解く。すると

$$y = -0.5x + 4500000 \tag{2}$$

となる。このyがx（A社の生産台数）を所与としたときのB社の

---

*1 「5 離散型戦略と連続型戦略」の項参照。

最適反応である。

次にA社のノードから始まる部分ゲームにおけるA社の最適反応を求めよう。A社はB社が上記のyを生産すると予測して、xの値を決める。したがって、今度はA社がこのyを所与として、自社利益を最大にする生産台数を決める。$U_A = (10000000 - (x+y))x - 1000000x$なので、この式に(2)式の$y = -0.5x + 4500000$を代入して、

$$
\begin{aligned}
U_A &= (10000000 - (x + (-0.5x + 4500000)))x - 1000000x \\
&= (5500000 - 0.5x)x - 1000000x \qquad (3) \\
&= -0.5x^2 + 4500000x
\end{aligned}
$$

となる。この式をxで微分して、それを0に等しいとする。そしてその方程式をxについて解けば、U_Aを最大にするxの値が求まる。$\dfrac{dU_A}{dx} = -x + 4500000$なので、これを0に等しいとして、$x$について解けば、$x = 4500000$となる。つまり450万台を生産することがA社の最適反応である。この値を(3)式に代入すれば、$U_A = 10125000000000$、つまり10兆1250億円となる。

先にも述べたように、B社はA社の生産台数を前提として、自分のノードから始まる部分ゲームで最適反応を選ぶ。したがって$x = 4500000$を(2)式に代入して、$y = -0.5 \times 4500000 + 4500000 = 2250000$となる。つまりB社の生産台数は225万台である。この値と$x = 4500000$を(1)式に代入すれば、B社の利益も求まる。それは

$$
\begin{aligned}
U_B &= (10000000 - (4500000 + 2250000)) \times 2250000 - 1000000 \\
&\quad \times 2250000
\end{aligned}
$$

$$= 5062500000000$$

すなわち5兆625億円である。

　以上をまとめると、このゲームの部分ゲーム完全ナッシュ均衡は（450万台, y 台）である（ただし y は(2)式を満たす）。この均衡のもとでの均衡経路は「450万台生産する」→「225万台生産する」である。そしてこの均衡経路で実現する利得（この場合は利益）は（10兆1250億円, 5兆625億円）である。

　ここで本項の複占状況における生産台数の算出方法と第5項のそれとを比較しよう。第5項の場合、A社の利益を x で偏微分して、それを0に等しいとし、B社の利益を y で偏微分し、それを0に等しいとし、連立方程式を作って、それを x と y について解いた。なぜなら、A社の戦略選択がB社の戦略選択に影響を及ぼすと同時に、B社の戦略選択がA社の戦略選択に影響を及ぼすからである。これに対して、本項のゲームはA社が先手、B社が後手の複占状況なので、B社の最適行動はA社の行動によって決まり、A社の最適行動は遡及的にB社の行動によって決まることになる。そこでまずB社の最適反応を求め、逆向き帰納法によってA社の最適反応を求めて、部分ゲーム完全ナッシュ均衡を求めた。ゲームの構造の違いにより、x と y の求め方が違うことに注意しよう。

　さて、部分ゲーム完全ナッシュ均衡経路上の生産台数と利益を第5項で求めた数字と比較してみよう。表で表すと下のようになる。

　この表から分かるように、独占のとき、A社の利益はもっとも大きい。自動車市場を完全にコントロールできるので、利益を最大にする台数を生産することができるからである。次にA社の利益が大

独占と複占の比較表

	独　占	複占（同時手番）		複占（A社先手）	
	A社	A社	B社	A社	B社
生産台数	450万台	300万台	300万台	450万台	225万台
利　益	20兆2500億円	9兆円	9兆円	10兆1250億円	5兆625億円

きいのは、A社が先手の複占の場合である。生産台数は独占の場合と同じ450万台だが、後手のB社が225万台生産するため、価格が低くなり、利益もそれにつれて低くなる。同時手番の複占の場合、A社の生産台数は150万台減って300万台になる。一方、B社の生産台数は300万台に増える。このため、A社の利益は9兆円に減るが、B社の利益は9兆円に増える。

　以上の比較から分かるように、複占状況では、先手をとる方が有利である。先手をとって生産台数を決めてしまえば、後手はそれを所与として最適反応せざるをえないからである。先手、後手のあるチキンゲームの場合も先手有利である。しかしいかなるゲームでも先手有利とは限らない。後出しジャンケンの場合は後手有利である。複占やチキンゲームとは異なり、後出しジャンケンの場合、先手が自分に有利な行動選択をできず、後手は先手の行動選択を見ることで、それに対応した行動を選択できるからである。状況をコントロールできない以上、先手が有利になることはない。

14 繰り返しゲーム

―― 囚人のジレンマゲームを繰り返すと……

　第6項で囚人のジレンマを解説した。このゲームが多くのゲーム理論家の関心を引いてきたのは、パレート最適な（協力, 協力）という戦略プロファイルがナッシュ均衡ではない、という点である。ナッシュ均衡は（非協力, 非協力）であり、パレート最適状態とは乖離している。この問題をどう解決するかが、囚人のジレンマ研究の中心的課題である。

　この問題を解決する1つの可能性は、囚人のジレンマゲームを繰り返すことである。現実の人間関係を見ると、親子関係、夫婦関係、友人関係、会社の人間関係など、同じ人同士で付き合いを続けている現象がある。そしてこれらの継続的関係の多くでは、相互協力関係が成立している。したがって、囚人のジレンマゲームも繰り返せば、プレーヤーの間で相互協力関係が成立することが考えられる。

　それではなぜ継続的関係では相互協力が成り立つのだろうか。大きく3つの考え方がある。第1は、長く付き合ううちに、いわば「情」がわいてきて相手を裏切れなくなる、というものである。第2は、お互いに相互協力関係を形成・維持することを目標とするようになる、という考えである。これは**目標／期待理論**と呼ばれている[1]。第3は、相互協力することが結局はプレーヤーにとって有利

---

[1] この理論は Dean G. Pruitt and Melvin J. Kimmel, 1977, "Twenty Years of Experimental Gaming: Critique, Synthesis, and Suggestions for the Future," *Annual Review of Psychology*, 28 : 363-392 によって提唱された。

である、という考えである。第1、第2の考え方がどちらかと言えば心理学的な説明であるのに対し、第3の考え方はゲーム理論の発想によるものである。本項でもこの第3の考え方を解説しよう。

囚人のジレンマの繰り返しをゲーム理論で分析するために、まず囚人のジレンマを展開形ゲームで表現しよう（下図）。

同時手番のゲームなので、Bの2つのノードは同じ情報集合に属する[*2]。囚人のジレンマが繰り返されるということは、この展開形ゲームの4つの終端（利得が書かれているところ）から次のゲームが始まるということである。たとえば一番上の終わりのところでは、AもBも「協力」を選んでいる。2回目の囚人のジレンマはこの相互協力の後から始まる。これに対して、上から2番目の終わりのところでは、Aは「協力」、Bは「非協力」を選んで1回目のゲームが終わり、そこから2回目のゲームが始まる。なお**繰り返しゲーム**の場合、これらの1回1回のゲームのことを**段階ゲーム**と呼ぶ。

繰り返しゲームの利得は、段階ゲームの利得を単純に足すのではなく、**割引因子**を用いた利得を足し合わせる。割引因子とは、利得を「割り引く」ための工夫である。たとえばある仕事の報酬が1万円だったとしよう。その報酬を今日もらうか1年後にもらうかでは、

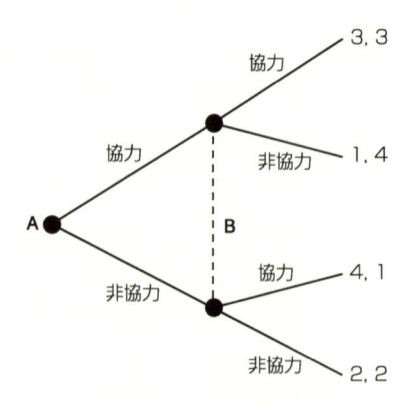

囚人のジレンマの展開形ゲーム

その価値が異なる。1年後には報酬の価値は1万円よりも小さくなっている。その理由はいろいろある。今日1万円もらって銀行に預ければ、1年後には1万円以上になっている。または、1年間の間に病気や怪我で死んでしまうかもしれない。そうだとすると、1年後の1万円は何の価値も持たない。このように1年後に受け取る報酬1万円は、今日もらえる1万円よりも価値が低くなっている。この価値の割引の程度を割引因子で表現するのである。たとえば割引因子が0.9ならば、1年後の1万円は今日の9千円（10000×0.9）の価値しかない。

一般的には、割引因子をδで表現する。δは0から1までの値をとる。将来を重視する人はδの値が大きい。1年後も確実に生きていると思っている人は1年後の1万円の価値を高く見積もるだろう。しかし将来を重視できない人——たとえば重大な病気で1年後に生きていられるかどうか分からない人——は、δの値が低い。1年後の1万円の価値を低く考えるからである。

以上で、囚人のジレンマを繰り返すゲーム——繰り返し囚人のジレンマゲーム——を分析する準備が整った。さっそく囚人のジレンマゲームを2回繰り返してみよう。この繰り返しゲームのゲームツリーは次ページの図のようになる。

このゲームツリーの一番上の流れでは、1回目のゲームでも2回目のゲームでもAもBも「協力」を選んでいるので、相互協力が成立している。このときAもBも1回目のゲームの結果として3の利得を得る。そして2回目のゲームの結果として、やはり3の利得を得る。したがって2回目のゲームが終わった時点における総合利得

*2 「9　展開形ゲーム」の項参照。

は、これら2つの利得の和になる。ただし2回目の利得には上述の割引因子がかかるので、利得は $(3+3\delta, 3+3\delta)$ となる。

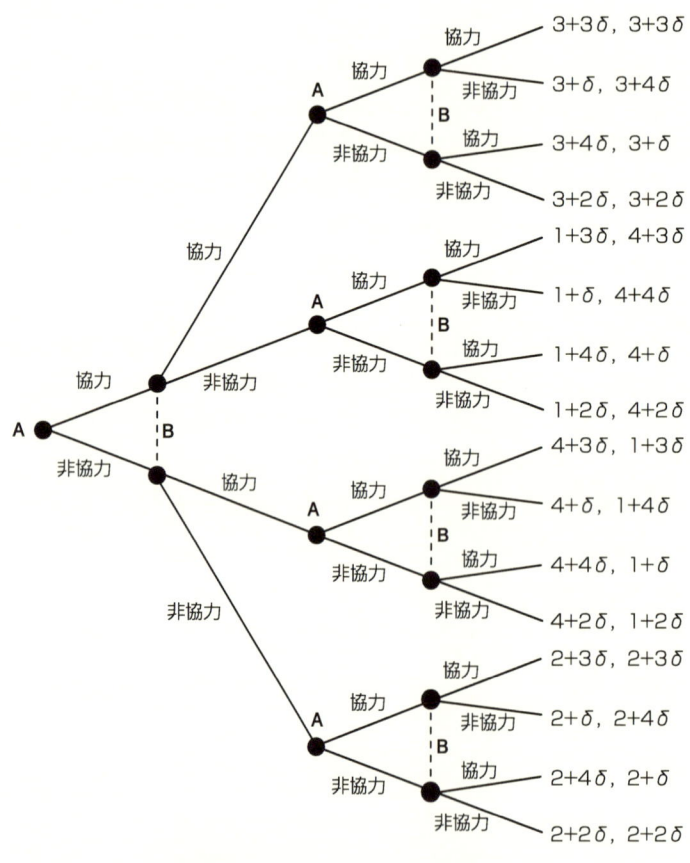

それではゲームツリーの中ほどの「協力」→「非協力」→「協力」→「非協力」という流れでゲームが進行した場合、AとBの利得はどうなるだろうか。1回目のゲームの行動の組み合わせは（協力, 非協力）なので、利得は $(1, 4)$ である。2回目のゲームの行動の組み合わせも（協力, 非協力）なので、利得は $(1, 4)$ である。

2回繰り返し囚人のジレンマの展開形ゲーム

1回目ゲームの利得に2回目ゲームの利得に割引因子をかけたものを足して、総合利得は $(1+\delta, 4+4\delta)$ となる。他の経路についても同様に考えることで、それぞれの利得を算出できる。

これで2回繰り返し囚人のジレンマの部分ゲーム完全ナッシュ均衡を求めることができる。まずこのゲームの部分ゲームは、2回目のAのノードから始まる4つのゲームと1回目のAのノードから始まる1つのゲーム（全体のゲーム）である。

逆向き帰納法[*3]を用いるために、まずは2回目のAのノードから始まる部分ゲームに着目しよう。一番上の部分ゲームでは（非協力, 非協力）が唯一のナッシュ均衡になっている。Aが単独で「非協力」から「協力」に行動を変更すると、利得は $3+2\delta$ から $3+\delta$ に減ってしまう。同じことがBにも当てはまる。他の3つの部分ゲームでも（非協力, 非協力）が唯一のナッシュ均衡である。そこで、これらのナッシュ均衡をそのもとでの利得に置き換えると、下の図のようになる。そしてこのゲームのナッシュ均衡も（非協力, 非協力）である。

以上から、このゲームの部分ゲーム完全ナッシュ均衡は（Aはすべてのノード（情報集合）で非協力を選択する, Bはすべての情報集合で非協力を選択する）となる。またこのときの均衡経路は「非

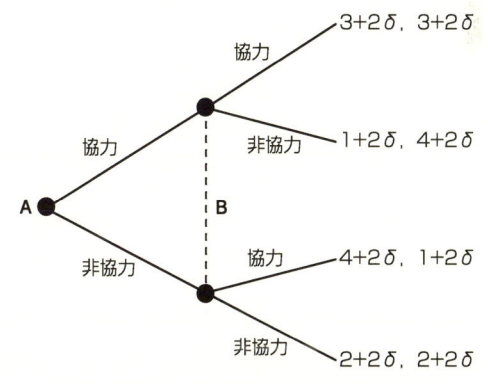

部分ゲームを利得に置き換えたゲームツリー

協力」→「非協力」→「非協力」→「非協力」であり、利得は（2+2δ, 2+2δ）となる。

このことは「囚人のジレンマを繰り返せば、相互協力が成り立つだろう」という期待を裏切る結果となっている。2回繰り返しても、2回とも非協力関係が実現するだけである。「2回ぐらいの繰り返しでは不十分で、1000回ぐらい繰り返さないと相互協力関係は生まれない」という反論もあるだろう。しかしこれも不可能である。1000回目の部分ゲームではやはり（非協力, 非協力）がナッシュ均衡である。このとき、逆向き帰納法で1回繰り上げて、999回目の部分ゲームを見ると、やはり（非協力, 非協力）がナッシュ均衡である。このようにゲームツリーを遡っていって、1回目のゲームに着目すると、やはり（非協力, 非協力）がナッシュ均衡となる。したがって部分ゲーム完全ナッシュ均衡は、やはり（Aはすべてのノード（情報集合）で非協力を選択する, Bはすべての情報集合で非協力を選択する）である。そして均衡経路は「非協力」→「非協力」→「非協力」→……→「非協力」となり、非協力関係が継続することになる。

なぜこうなってしまうのだろうか。鍵は、囚人のジレンマが有限回繰り返されていることにある。いくら回数が多くても、それが有限回ならば、必ず最終回の部分ゲームでは（非協力, 非協力）がナッシュ均衡になる。そして最終回から逆向き帰納法で初回まで遡ることができ、すべての部分ゲームで（非協力, 非協力）がナッシュ均衡となってしまう。この問題を回避するために、囚人のジレンマを無限回繰り返すことが考えられる。次項ではこのことを考察する。

＊3 「10 部分ゲーム完全ナッシュ均衡」の項参照。

15 無限回繰り返しゲーム

——無限の繰り返しの分析法

　囚人のジレンマを無限回繰り返すという状況はいかなるものだろうか。2回繰り返しただけで5つの部分ゲームが出てくる。3回繰り返すと、その数は21になる。無限ともなれば、無数の部分ゲームが生じる。それをどのように分析すればよいのだろうか。

　ここで発想を転換しよう。有限と無限では話は別ものである。無限回繰り返し囚人のジレンマゲームの2回目の部分ゲームは、それ自体が無限回繰り返しゲームである。100回目の部分ゲームも1000回目の部分ゲームも、無限回繰り返しゲームである。このことに注意して、解説を進めよう。

　囚人のジレンマを繰り返すほど、プレーヤーの情報集合は増えていき、それだけ行動選択の場面も増える。上述したように、2回繰り返すだけで5つの部分ゲームが出てくる。それらすべてで「協力」するか「非協力」を選ぶか決めることになる。表記を簡単にするために、これからは「協力」をC、「非協力」をDと表すことにしよう。Cは協力（Cooperation）、Dは裏切り（Defect）の頭文字である。すると、2回繰り返し囚人のジレンマゲームのプレーヤーの戦略は（C, D, C, C, D）というように表現できる。初めのCはゲームツリーの初めの部分ゲーム（全体のゲーム）での行動選択

が「協力」であることを表す。次のDは2回目の部分ゲームでゲームツリーの一番上の部分ゲームでの選択、次の2つのCは上から2番目と3番目の部分ゲームでの選択、最後のDは一番下の部分ゲームでの選択である。

このような表記法は、繰り返しの数が増えるほど煩雑になるし、無限回繰り返しゲームの場合は書くことができない。また現実にプレーヤーがゲームの始まる前に自分のすべての情報集合における行動を決めていることは考えられない。ゲームが進む流れによって行動を決めると考える方が自然である。たとえば、後で説明する**トリガー戦略**は、相手がD選択をしない限りC選択をするが、一度でも相手がDを選択をすると、その後はずっとD選択をする、という戦略である。自分のすべての情報集合においてCかDのどちらを選ぶかという決め方ではなく、相手の出方に応じてCとDを選んでいる。

このような戦略選択を表すために、**履歴**（history）という概念を導入しよう。簡単に言えば、履歴とはゲームをt回繰り返したときの、プレーヤーの行動選択の流れである。3回繰り返し囚人のジレンマゲームを例にとって説明しよう。繰り返しの1回目はゲームの開始なので、履歴はない。2回目の履歴は1回目の2人のプレーヤーの選択に応じて4つある。(C, C)、(C, D)、(D, C)、(D, D) である。3回目の履歴は16ある。たとえば2回目の履歴が (C, C) の場合、3回目の履歴は ((C, C), (C, C))、((C, C), (C, D))、((C, C), (D, C))、((C, C), (D, D)) の4つである。2回目の履歴が4つあり、それぞれに応じて3回目の履歴が4つあるので、全部で16になる。

あるプレーヤーの戦略とは、それぞれの履歴を前提としたときの行動を集めたものである。たとえば、2回繰り返し囚人のジレンマゲームでは、1回目のゲームでC、2回目の履歴（C, C）の後にC、（C, D）の後にC、（D, C）の後にD、（D, D）の後にDをとるならば、そのプレーヤーの戦略は（C, C, C, D, D）である。

　この戦略の定義は、第9項で解説した展開形ゲームの戦略の定義——自分のすべての情報集合の行動を集めたもの——と論理的に同じであることに注意しよう。ある履歴をたどると、1つの囚人のジレンマゲームに到達する。そこでプレーヤーAとBはCかDの行動選択を行う。これはその囚人のジレンマゲームにおける自分の情報集合で行動選択を行うことと同じことである。したがって、履歴を用いた戦略の定義は、情報集合を用いた戦略定義を繰り返しゲーム用に書き換えたものだと考えてよい。

　この履歴を用いることで、プレーヤーは自分のすべての情報集合における行動選択を事前に決めておかなくても良くなる。「こういうゲームの流れ（履歴）だったら、この行動を選ぼう」というやり方で戦略を選ぶことができる。そのような戦略の例として、有名なものを4つ紹介しよう。

　まず単純な戦略は **All-C** と **All-D** と呼ばれるものである。名前が示しているように、All-C はどのような履歴でもCを選び、All-D はDを選ぶ。相手の出方に関係なくCを選ぶ All-C がD選択者に裏切られるお人よしであるのに対し、相手がどんなに協力的でもDを選び続ける All-D は究極の裏切り者である。

　これらに対して、**しっぺ返し戦略**は相手の選択に対応する。この

戦略は、1回目はCをとる。2回目以降は前回に相手が選択した行動を採用する。前回に相手がCを選んでいれば今回自分もC、前回に相手がDを選んでいれば、今回自分もDという、という戦略である。1回目にCを選ぶことから基本的に協力的な戦略であるが、その後は相手の行動選択を真似るので、All-Cのように非協力者に際限なくつけこまれるわけではない。この戦略を用いた有名な研究に、ロバート・アクセルロッドのものがある[1]。この研究は、さまざまな戦略によるトーナメントでしっぺ返し戦略がもっとも高い得点をあげたことを紹介し、その秘密について検討している。

最後に紹介するのは、**トリガー戦略**である。この戦略は、1回目はCをとり、相手がDを選択しない限りはCを選択するが、1回でも相手がDを選択すると、その後はDを選択し続ける、というものである。しっぺ返し戦略は、相手がD選択をしても後でC選択に戻れば、自分もその次の回にはC選択をする。しかしトリガー戦略にはそのような「寛容さ」がない。しかしAll-Dにつけこまれることもなく、戦略としては単純である。そして、後述する**フォーク定理**の証明にも用いられている。

さて、このトリガー戦略を採用したAとBが無限回繰り返し囚人のジレンマゲームを行ったとしよう。トリガー戦略の組み合わせ（戦略プロファイル）が部分ゲーム完全ナッシュ均衡ならば、毎回相互協力が実現することになる。このことを証明しよう。

ある回（t回目）から始まる部分ゲームを考えよう。この部分ゲームに到る履歴は次の2つに分けられる。(1) 各回で（C, C）が選択されてきた。(2) 少なくとも1回（C, C）ではない選択がなされ

---

[1] Robert M. Axelrod, 1984, *The Evolution of Cooperation*, Basic Books.（松田裕之（訳）, 1998『つきあい方の科学——バクテリアから国際関係まで』ミネルヴァ書房.）

た。(1)の履歴の場合、AもBもt回目にいたるまでD選択をしてこなかったのだから、t回目のゲームでどちらもC選択をする。その後の部分ゲームでもC選択をし続ける。もしここでBがトリガー戦略から離れてD選択をしたとしよう。すると次の回でAはトリガー戦略に従ってD選択をする。そのことを予測しているBは（C選択をすると利得が低くなるので）D選択をする。そしてその後は2人ともD選択をし続ける。この流れは下表の1と2の段のように表される。そして3と4の段は1と2の段の行動選択に対応する利得である。ただしt回目から無限回繰り返しの部分ゲームが始まるので、$t+1$回目以降の利得には割引因子がかかる[*2]。$t+1$回目の利得にはδ、$t+2$回目の利得にはさらにδのかかったδ^2、$t+t'$回目には$\delta^{t'}$、というように利得が割り引かれる。

下表から分かるように、t回目にAはC、BはDの選択をするので、Aは1、Bは4の利得を得る。その後は2人ともD選択をするので、2の利得を得る（割引因子で割り引かれるが）。

トリガー戦略同士の戦略プロファイルが部分ゲーム完全ナッシュ均衡ならば、トリガー戦略から離れた場合の利得はトリガー戦略をとり続けた場合の利得（これは5の段に書かれている）よりも小さいか同じである。すなわち

$$3+3\delta+3\delta^2+\cdots \geq 4+2\delta+2\delta^2+\cdots$$

ならば、トリガー戦略は履歴が(1)の場合の部分ゲーム完全ナッシ

		t回目	$t+1$回目	$t+2$回目	……
1	Aの行動選択	C	D	D	……
2	Bの行動選択	D	D	D	……
3	Aの利得	1	2δ	$2\delta^2$	……
4	Bの利得	4	2δ	$2\delta^2$	……
5	Bの利得（トリガー戦略）	3	3δ	$3\delta^2$	……

ュ均衡である。この不等式の左辺と右辺は次のように変形できる。

$$3+3\delta+3\delta^2+\cdots = \frac{3}{1-\delta}$$

$$4+2\delta+2\delta^2+\cdots = 4+\frac{2\delta}{1-\delta}$$

したがって、

$$\frac{3}{1-\delta} \geq 4+\frac{2\delta}{1-\delta}$$

が成立すればよい。この不等式を δ について解くと、

$$3 \geq 4(1-\delta)+2\delta$$
$$3 \geq 4-4\delta+2\delta$$
$$2\delta \geq 1$$
$$\delta \geq \frac{1}{2}$$

となり、δ が 0.5 よりも大きければ、トリガー戦略の組からなる戦略プロファイルは履歴が(1)の場合の部分ゲーム完全ナッシュ均衡となる。

履歴が(2)の場合は、t 回目のゲームに到達するまでに、どこかでAかBがD戦略を選んでいる。したがって t 回目のゲームではどちらもD選択をしている。ここでトリガー戦略から離脱することは、C選択をすることである。しかし相手がD選択をしているので、この回の利得は2から1に減少する。さらに、t 回目でC選択をしても、$t+1$ 回目以降は（相手がトリガー戦略を採用し続けD選択を

---

*2 話を簡単にするため、AとBの割引因子を同じとしている。AとBが異なる割引因子を持っていると仮定しても、同様の証明をすることができる。

続けるので）D選択をすることが合理的である。このため $t+1$ 回目以降はトリガー戦略と利得が変わらない。したがって、結局AもBもトリガー戦略から離脱する誘因がないので、トリガー戦略の組からなる戦略プロファイルは t 回目以降の部分ゲームの完全ナッシュ均衡になっている。

すべての t について以上の分析が当てはまるので、δ が0.5よりも大きければ、トリガー戦略同士の組は無限回繰り返し囚人のジレンマゲームの部分ゲーム完全ナッシュ均衡であることが分かる。そしてその結果として、毎回AとBがC選択をする相互協力関係が成立する。

ただしここで注意すべきことは、All-D同士の戦略プロファイルも部分ゲーム完全ナッシュ均衡になっていることである。All-D同士の場合、t 回目の履歴はすべてD選択である。ここでどちらかのプレーヤーがC選択をしても、トリガー戦略の履歴(2)と同様に、C選択をしたプレーヤーの利得は低くなる。したがってAll-D同士も無限回繰り返し囚人のジレンマゲームの部分ゲーム完全ナッシュ均衡であり、その結果として、毎回AとBがD選択をする相互非協力関係が生じる。

以上の議論を一般化した定理が**フォーク定理**である。この定理を理解するためには、あと2つ新しい概念を導入する必要がある。1つは**平均利得**、もう1つは**実現可能な利得集合**である。まず、これらの概念を説明しよう。

無限回繰り返しゲームの場合、各回の段階ゲームの利得を（割引因子こみで）足し合わせた利得よりも、1回当たり平均して得られ

る利得(平均利得)を用いる方が便利である。それを π で表し、各回の利得を π_t (t は1から無限大の数をとる)で表すと、次の関係が成り立つ。

$$\pi + \pi\delta + \pi\delta^2 + \cdots = \pi_1 + \pi_2\delta + \pi_3\delta^2 + \cdots$$

この式の左辺は $\dfrac{\pi}{1-\delta}$ となるので、結局 π は

$$\pi = (1-\delta)(\pi_1 + \pi_2\delta + \pi_3\delta^2 + \cdots)$$

となる。

たとえばトリガー戦略同士の組み合わせならば、毎回の段階ゲームの利得は3なので、平均利得は $(1-\delta)(3+3\delta+3\delta^2+\cdots) = (1-\delta) \times \dfrac{3}{1-\delta} = 3$ となり、All-D 同士の組み合わせならば、平均利得は $(1-\delta)(2+2\delta+2\delta^2+\cdots) = (1-\delta) \times \dfrac{2}{1-\delta} = 2$ となる。

次に実現可能な利得集合について解説しよう。この集合は、段階ゲームにおける純粋戦略の利得の加重平均からなる。囚人のジレンマを用いて具体的に説明しよう。純粋戦略プロファイルのもとでの利得の組は、(3, 3)、(4, 1)、(1, 4)、(2, 2) である。これらは次ページの図の黒点で表されている。そして点 (3, 3) と点 (4, 1) を結ぶ直線は、$x(3, 3) + (1-x)(4, 1) = (3x+4(1-x), 3x+(1-x))$ というように、2つの点の加重平均で表される。x が0のときは点 (4, 1) となり、x が1のときは点 (3, 3) となる。x が0.5のときは (3.5, 2) となり、2つの点を結ぶ直線の真ん中の点となる。x を0から1まで動かせば、点 (4, 1) と点 (3, 3) を結

ぶ直線となる。他の直線も同様に描くことができる。さらに直線で囲まれた菱形内部の点も4つの点の加重平均となる。

　この実現可能な利得集合は、文字通りプレーヤーの戦略を混合化することで実現できる平均利得である。しかしプレーヤーにとって必ずしも合理的ではない領域も含まれている。たとえば点（4, 1）はAがAll-D、BがAll-Cを選んだときに実現するが、BがAll-Dに戦略を変更すれば、平均利得は（2, 2）になり、Bの利得は改善される。相手がどんな戦略をとろうと、この利得2はBにとって最低保障された利得である。したがってBはこれよりも低い利得の点を実現するような戦略をとらないだろう。図で言えば、点（2, 2）を通る水平線よりも上の平均利得を実現する戦略を選ぶ。同様に、Aもこの点を通る垂直線よりも右側の平均利得を実現する戦略を選ぶ。つまり実現可能な利得集合のうち、これらの直線の上側と右側の部分が、プレーヤーが合理的に選択した場合に実現しうる利得集合である（図の網掛け部分）。

　フォーク定理は、割引因子が十分1に近ければ、この網掛け部分

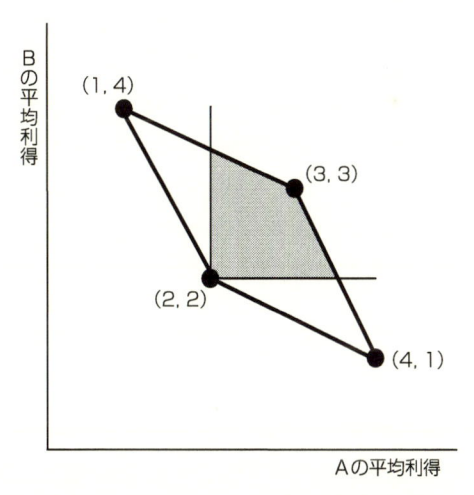

囚人のジレンマゲームの実現可能な利得集合

の利得を実現する戦略が部分ゲーム完全ナッシュ均衡となることを示している。一般的な形よりも、囚人のジレンマに即した形でこの定理を紹介しよう[*3]。

フォーク定理 割引因子 δ が十分1に近いならば、囚人のジレンマの段階ゲームのナッシュ均衡の下での利得よりも大きい実現可能な利得の組 (x_A, x_B) を平均利得とするような無限回繰り返しゲームの部分ゲーム完全ナッシュ均衡が存在する。

この定理で「割引因子 δ が十分1に近いならば」という歯切れの悪い表現となっているのは、フォーク定理の条件を満たす δ の最小値が段階ゲームの利得によって決まるからである。先の例では、トリガー戦略同士が部分ゲーム完全ナッシュ均衡になるためには、δ が0.5よりも大きければよかった。しかしこの0.5というのは、特定の囚人のジレンマゲームの利得によるものであり、利得が変わればこの値も変わる。

フォーク定理は、平均利得 (3, 3) を実現する相互協力関係が生じうることを保障している。しかし同時に平均利得 (2, 2) を実現する相互非協力関係が生じうることも示している。その他にも多くの戦略が部分ゲーム完全ナッシュ均衡となる。この問題も、第2項で触れた複数均衡問題である。この問題を解決するためには、別の要因や条件を追加する必要がある。社会学的には、プレーヤー間の人間関係（社会関係資本）を導入して相互協力関係の成立可能性を検討する研究方向が興味深い[*4]。

[*3] より一般的なフォーク定理の説明とその証明については Robert Gibbons, 1992, *Game Thoery for Applied Economists*, Princeton University Press.（福岡正夫・須田伸一（訳），1995『経済学のためのゲーム理論入門』創文社.）の第2章を参照されたい。

[*4] この研究方向については、佐藤嘉倫，2008「社会関係資本の光と影」土場学・篠木幹子（編著），『個人と社会の相克——社会的ジレンマ・アプローチの可能性』ミネルヴァ書房. を参照されたい。

III 不完備情報ゲーム

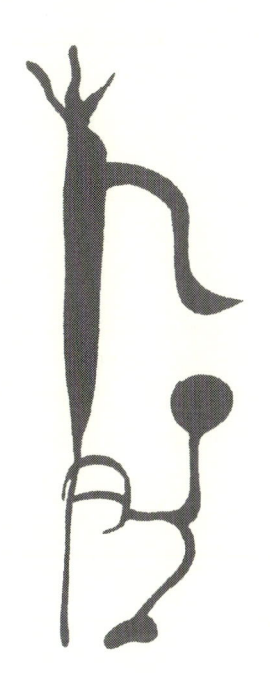

16 不完備情報ゲーム

——腹の探り合い

　今までは、各プレーヤーが自分の利得だけでなく他のプレーヤーの利得も知っている状況を扱ってきた。しかし現実の社会ではそのようなことは稀で、他人の利得を正確に知ることは難しい。たとえば男性Aが好意を寄せる女性Bを初めてデートに誘おうとしている状況を考えよう。彼は彼女をジャズクラブに誘うべきかクラシックコンサートに誘うべきか悩んでいる。もちろん、本人にどちらが良いか尋ねれば話は簡単だが、それは彼の本意ではない。あくまでも彼女の音楽の好みを見抜いて、彼女を驚かせたいと思っている。この状況で、彼はどのような選択をするだろうか。

　このような状況は人間関係だけにとどまらない。ある人を社員として採用するかどうか考えている企業も、同様である。その人が有能な人かそうでないかは、短い面接時間では分からない。そのことを逆手にとって、応募者は自分が優秀に見える情報を企業に示そうとする。学歴はその最たるものである。このような情報は「シグナル」と呼ばれ、企業は受け取ったシグナルから応募者の資質を見抜こうとする[*1]。しかし応募者もそのことを知っていて、自分が有利になるようなシグナルを送ろうとする。このとき、応募者はどのようなシグナルを送り、企業はどのような対応をするのだろうか。

＊1　この状況を扱ったモデルは、A. M. スペンスの就職市場のシグナリングモデルである。このモデルについては、Robert Gibbons, 1992, *Game Theory for Applied Economists*, Princeton University Press.（福岡正夫・須田伸一（訳），1995『経済学のためのゲーム理論入門』創文社.）の第4章を参照されたい。

企業間の関係でも同じような状況がある。全国チェーンのスーパーマーケットAがある都市に新しい店を開こうとしているとしよう[*2]。しかしその都市には有力な地元スーパーマーケットBがある。Aは新しい店を開いた場合、Bが徹底抗戦をしてその店を撤退させるつもりなのか、それともその店を受け入れて共栄共存を図ろうとしているのか分からない。このとき、Aはどのような選択をするのだろうか。

　このような状況は国家間ではさらに顕著である。外交関係はまさに「腹の探りあい」である。たとえば通商交渉の場で、自国の要求を強く主張した場合にそれを受け入れる相手か交渉決裂も辞さない相手かで、主張の仕方が変わってくる。しかし相手はどちらか分からないように情報操作をするだろう。このとき、両国はどのような選択をするのだろうか。

　このように、相手のことがよく分からない状況において選択を行うという事態は、社会学のみならず、経済学、経営学、政治学などの社会科学全般の研究対象となりうる。ゲーム理論においてこのような状況を分析するのに適したゲームが、**不完備情報ゲーム**である[*3]。本項では、このゲームの基本的な考え方を解説する。なお前項までで紹介してきたゲームはすべて**完備情報ゲーム**である。しかし完備情報ゲームでも、後出しジャンケンのような完全情報ゲームもあれば、同時手番チキンゲームのような不完全情報ゲームもある[*4]。「完全―不完全」と「完備―不完備」は日本語として紛らわしいが、英語で表現すると、前者はperfect-imperfect、後者はcomplete-incompleteというように、まったく異なる概念である。

[*2] この状況については、武藤滋夫，2001『ゲーム理論入門』日本経済新聞社，第Ⅳ章を参照されたい。
[*3] 不完備情報ゲームは「情報不完備なゲーム」とか「ベイジアン・ゲーム」とも呼ばれる。
[*4] 「9　展開形ゲーム」の項参照。

さて不完備情報ゲームとは、あるプレーヤーにとって他のプレーヤーの利得が分からないゲームである。今までのゲームでは、すべてのプレーヤーの利得をすべてのプレーヤーが知っていて、そのことをすべてのプレーヤーが知っていて、さらにそのことをすべてのプレーヤーが知っていて、……という情報の構造が成り立っていた。ゲーム理論の用語を使うならば、利得に関する**共有知識**が存在していた。しかし不完備情報ゲームでは、この共有知識が存在しない。上述のデートの例で言えば、女性Bの音楽の好みは彼女の私的情報であり、まだ彼女と男性Aの共有知識になっていない。このため、不完備情報ゲームは完備情報ゲームよりもゲームの構造が複雑になる。しかしながら、それだけ広範囲の興味深い現象を分析することができる。

　不完備情報ゲームでは、このような利得の違いをプレーヤーの「タイプ」の違いと考える。上の女性Bは「ジャズの好きな」タイプか「クラシックの好きな」タイプのどちらかである。地元スーパーマーケットは「徹底抗戦する」タイプか「共栄共存を図る」タイプのどちらかである。男性Aや全国チェーンのスーパーマーケットは、相手のタイプがそれぞれ2つあることは知っているが、どちらのタイプかは分からない。タイプが私的情報になっているのである。

　完備情報ゲームの場合と同様に、不完備情報ゲームでも、戦略形ゲームと展開形ゲームがある。ゲーム理論としては、どちらも重要なゲームの形式だろう。しかし、私の個人的な考えでは、展開形ゲームの方が興味深い。なぜなら、後で詳述する**シグナリングゲーム**のような社会科学的含意の豊富なモデルを構築することができるか

らである。そこで本書では、展開形の不完備情報ゲームに焦点を絞って解説しよう*5。

展開形の不完備情報ゲームでは、**自然**（nature）という概念を導入することで、タイプに関する情報が不完備な状況を表現する*6。上述のデートを例にとって説明しよう（次ページ図）。まず自然が確率pで女性Bをジャズの好きなタイプに割り当て、確率$1-p$でクラシックの好きなタイプに割り当てる。男性Aは女性がどちらのタイプなのかを知らない。このため、彼の2つのノードは同じ情報集合に属している。そして彼は、女性がどちらのタイプか知らないまま、ジャズクラブかクラシックコンサートに誘う。ジャズが好きな女性Bはジャズクラブに誘われてデートに行った場合、5の利得を得る。男性は女性をデートに誘えたので利得10を得る。しかし女性がデートの誘いを断った場合は、両者とも現状のままなのでそれぞれ利得は0である。またジャズが好きな女性Bがクラシックコンサートに誘われてデートに行った場合、好きな音楽ではないので利得は−5となる。男性はデートに誘えて嬉しいが女性があまり楽しんでいないようなので、利得は5である。女性がデートの誘いを断った場合は両者の利得は0である。

女性がクラシック好きのタイプの場合はどうなるだろうか。クラシックコンサートに誘われてデートに行った場合は5の利得を得るが、断った場合は利得0である。男性はそれぞれ10と0の利得を得る。ジャズクラブに誘われてデートに行った場合は利得−5、断った場合は利得0である。男性の利得はそれぞれ5と0である。

この状況で、男性は女性をジャズクラブに誘うだろうか、それと

---

*5 戦略形の不完備情報ゲームとその均衡概念であるベイジアン均衡については、Robert Gibbons, 1992, 上掲書, の第3章や、武藤滋夫, 2001『ゲーム理論入門』日本経済新聞社, 第Ⅳ章を参照されたい。

*6 「自然」という用語が用いられるのは、プレーヤーのタイプがプレーヤーの意図を超えた偶然性によって決まる、ということを表現するためだろう。Chanceとか偶然手番という用語を用いている教科書もある。

もクラシックコンサートに誘うだろうか。また女性はデートの誘いを受けるだろうか、断るだろうか。このことを知るためには、このゲームの均衡を求める必要がある。その均衡は**完全ベイジアン均衡**と呼ばれるものである。完備情報ゲームを前提としたナッシュ均衡や部分ゲーム完全ナッシュ均衡では、プレーヤーのタイプの違いや（次項で説明する「信念」）をうまく扱うことができない。したがって、不完備情報ゲームの落ち着き先を見るためには、タイプの違いや信念を組み入れられる完全ベイジアン均衡を用いる必要がある。その定義と求め方は次項で解説する。

　最後に、「自然」概念についてもう少し解説しておこう。このゲームにおける「自然」は具体的なプレーヤーではない。あくまでも、(1)男性が女性のタイプを知らないこと、(2)ただしジャズ好きである確率は分かっていることを表現するための理論的な工夫である。

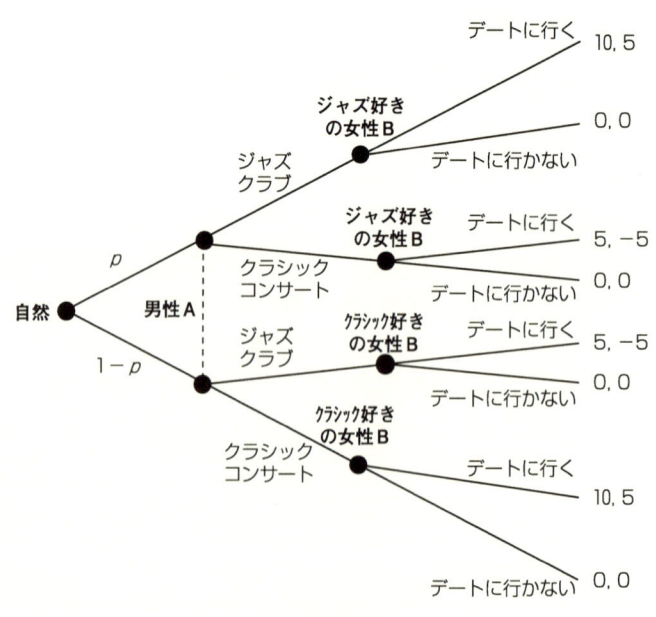

デートの不完備情報ゲーム

17 完全ベイジアン均衡

——戦略と信念の相互連関

まず初めに注意すべきことは、**完全ベイジアン均衡**が今まで解説した**ナッシュ均衡**や**部分ゲーム完全ナッシュ均衡**と無関係ではない、ということである。むしろ、この均衡は部分ゲーム完全ナッシュ均衡を精緻化したものである。なぜ精緻化しなければいけないのかは第21項で解説する。ここでは、精緻化のために**信念**という新しい概念を導入する。完全ベイジアン均衡を理解するためには、(1)この「信念」がいかに形成されるかという信念形成過程と(2)信念と戦略が互いに整合的になっていることに関する十分な理解が必要である。本項では、これらの点に注意しながら、完全ベイジアン均衡の解説を行う。

完全ベイジアン均衡は、次の4つの条件から成り立つ[*1]。

(1) 各プレーヤーは、自分の情報集合に関して、その中のどのノードにいるのかについて信念を持つ。

(2) 各情報集合で、自分の番になっているプレーヤーは、自分の信念とその情報集合の後に続くプレーヤーの戦略を所与として、最適反応をする。このことを**逐次合理性**と言う。

(3) 均衡経路上にある情報集合では、信念はベイズの公式とプレ

[*1] これらの4つの条件のより詳しい解説は、Robert Gibbons, 1992, *Game Theory for Applied Economists*, Princeton University Press.(福岡正夫・須田伸一(訳),1995『経済学のためのゲーム理論入門』創文社.)の第4章を参照されたい。

ーヤーの均衡戦略によって決まる*2。
(4) 均衡経路上にない情報集合では、信念は、それが可能な場合は、ベイズの公式とプレーヤーの均衡戦略によって決まる。

　まず条件(1)から解説しよう。ここで言う「信念」とは、ある情報集合の中で自分がどのノードにいるのかに関する確率のことである。たとえば、デートの不完備情報ゲームで自分の番になっている情報集合が1つのノードからなる場合は、話は単純である。自分がそのノードに到達していることは確実なので、確率1を割り当てればよい。しかし情報集合に2つ以上のノードがある場合には、プレーヤーは自分がそれぞれのノードにいる確率を推測しなければならない。前項のデートゲームならば、男性Aは相手の女性Bがジャズ好きかクラシック好きか確率計算をする。信頼ゲームならば、信頼者は相手が信頼に応じるタイプか裏切るタイプか確率計算する。ただしその計算はあてずっぽうではなく、条件(3)と条件(4)にあるように、ベイズの公式とプレーヤーの均衡戦略にしたがってなされる。詳しくは後で説明する。

　条件(2)は、基本的には、ナッシュ均衡や部分ゲーム完全ナッシュ均衡の場合と同様に、プレーヤーが最適反応をするという条件である。ただし、信念がこの最適反応にからんでくる。つまり、プレーヤーは、自分の番になった情報集合の中のノードにいる確率に基づいて、かつその情報集合からの後のプレーヤーの戦略選択を考慮して、最適な行動を選ぶ。信念は主観的な確率分布なので、変な信念を持てば、はたから見ると不合理な選択も、当人にとっては「合

---

*2 「均衡戦略」とは、均衡のもとでプレーヤーが選択している戦略のことである。たとえば、後出しジャンケンゲームでは（グー，パー―グー―チョキ）が部分ゲーム完全ナッシュ均衡の1つになっている。このとき、少年Aの均衡戦略は「グー」、少年Bの均衡戦略は「パー―グー―チョキ」である。

理的」な選択となる。男性Aが自分はジャズ好きなので、相手の女性Bもそうだろうと思い込んだならば（つまり自分が情報集合の上のノードにいる確率が1だと推測したならば）、ジャズクラブに誘うのは合理的な選択である[*3]。ジャズクラブに誘えば、ジャズ好きの女性にとってデートに行くことが最適反応であり、男性は10の利得を得る。しかしクラシックコンサートに誘えば、ジャズ好きの女性にとってデートに行かないことが最適反応であり、男性の利得は0となる。したがって、男性にとって、ジャズクラブに誘うことが最適反応になる。ただし、条件(3)と条件(4)から、このような信念形成が必ずしも行われるわけではないことが導かれる。条件(3)と条件(4)は、ある意味で、信念も「合理的」に形成されると想定する。

　条件(3)と条件(4)を理解するためには、「均衡経路上にある（ない）」という概念とベイズの公式を理解する必要がある。前者については、第10項で簡単に触れた。ここではより正確に解説しよう。ある展開形ゲーム（完備情報ゲームであれ不完備情報ゲームであれ）において、ある均衡があったとしよう。その均衡のもとでプレーヤーが均衡戦略に沿ってプレーをしたときに、ある情報集合に到達することがあれば（より正確には、到達する確率が正ならば）、その情報集合は「均衡経路上にある」と言う。一方、その情報集合に到達することがないならば（到達する確率が0ならば）、その情報集合は「均衡経路上にない」と言う。

　第10項で取り上げた後出しジャンケンゲームをもう一度見てみよう。このゲームの部分ゲーム完全ナッシュ均衡の1つは（グー，パ

[*3] このように「自分がXというタイプならば、他の人もXというタイプだろう」と思い込む心理メカニズムを**投影**（プロジェクション）と呼ぶ。この心理メカニズムは現実の多くの状況で存在すると考えられるが、完全ベイジアン均衡の考えでは合理的な信念形成ではないことになる。ただし別の均衡概念を用いて、投影を取り入れることは可能だろう。

ーーグーーチョキ）である。少年AとBがこの均衡戦略に沿ってゲームを進めると、初めに少年Aが「グー」を出し、少年Bはそれを見て「パー」を出す。したがって少年Bの一番上のノード（情報集合）には確率1で到達するので、これは均衡経路上にある。しかし真ん中と一番下のノード（情報集合）には到達しないので（到達する確率が0なので）、これらは均衡経路上にはない。しかし（チョキ，パーーグーーチョキ）という部分ゲーム完全ナッシュ均衡に着目すると、均衡経路は「チョキ」→「グー」なので、少年Bの真ん中のノード（情報集合）が均衡経路上にあり、一番上と一番下のノード（情報集合）は均衡経路上にはない（下図）。

次に**ベイズの公式**について解説しよう。もともとこの公式は、ある情報が入る前の確率（これを**事前確率**と呼ぶ）がその情報が入ることでどう変化するのか（変化した後の確率を**事後確率**と呼ぶ）を記述したものである。一番分かりやすい例は病気の判断なので、それを用いて説明しよう。

ある病気に罹っているか否かを判断する検査法があったとしよう。ツベルクリン反応がその典型例である。そして、社会の中でその病気に罹っている人の割合が10人に1人、確率で言えば0.1だとしよ

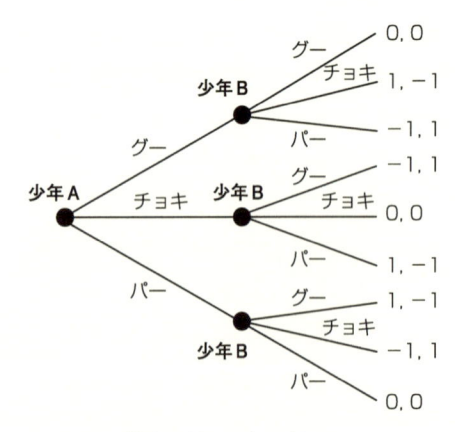

後出しジャンケンゲーム

う。これが事前確率である。ここである人がその病気に罹っているかどうか調べるために検査を受けたとしよう。ただしこの検査法は完璧なものではなく、少しエラーがある。それは、病気に罹っている人なのに陰性反応をしてしまうエラーと、病気に罹っていない人なのに陽性反応をしてしまうエラーの2種類がある。前者のエラーが起こる確率を0.01、後者のエラーが起こる確率を0.02としよう。このとき、その人の検査結果が陽性だったならば、その人が病気に罹っている確率（事後確率）はいくらだろうか。

この問題を解くのにベイズの公式が役立つ。この公式は次のように表される[*4]。

$$P(A \mid B) = \frac{P(A)P(B \mid A)}{P(A)P(B \mid A) + P(\overline{A})P(B \mid \overline{A})}$$

A は病気に罹っているという事象、B は検査結果が陽性であるという事象である。$P(A)$ は、検査結果が分かる前の（すなわち事前の）病気に罹っている確率であり、これは 0.1 である。これに対して、$P(A \mid B)$ は検査結果が陽性の場合に病気に罹っている確率（事後確率）である。$P(\overline{A})$ は病気に罹っていない確率であり、これは $1 - 0.1 = 0.9$ である。$P(B \mid A)$ は病気に罹っている場合に検査結果が陽性になる確率である。これは $1 - 0.01 = 0.99$ である。そして $P(B \mid \overline{A})$ は病気に罹っていない場合に検査結果が陽性になる確率であり、これは 0.02 である。これらの数字を上の式に代入すれば、事後確率が次のように求まる。

[*4] 一般的なベイズの公式は分母がもっと複雑だが、ここではこの単純化された公式で十分である。

$$P(A \mid B) = \frac{0.1 \times 0.99}{0.1 \times 0.99 + 0.9 \times 0.02} = 0.836$$

「検査結果が陽性」という情報を入手することで、病気に罹っている確率が0.1から0.836に上がる。もし検査方法が完璧でエラーがないならば、$P(B \mid A)$ は1、$P(B \mid \overline{A})$ は0になるので、上の式は1となる。すなわち検査結果が陽性ならば、確実に病気に罹っていることになる。

完全ベイジアン均衡の条件(3)と条件(4)の説明に戻ろう。条件(3)は、均衡経路上にある情報集合で、自分の番になっているプレーヤーは、まず自分が情報集合のどのノードにいるかという信念を持っている。これは事前確率に相当する。次に、各プレーヤーの均衡戦略を観察する。これがベイズの公式のBに相当する。つまりBは「各プレーヤーが○○という戦略をとっている」という事象である。当該のプレーヤーは、この情報を用いてベイズの公式にしたがって信念を修正する。その修正された信念が$P(A \mid B)$である。均衡経路上にある情報集合では、そこに到る行動が観察されるので、ベイズの公式を適用することができる。しかし均衡経路上にない情報集合の場合は、ベイズの公式を適用できないことがある。このため条件(4)では、「それが可能な場合」としているのである。可能でない場合には、プレーヤーはどのような信念でも持つことが許される。

以上が完全ベイジアン均衡の解説である。この概念で重要なことは、戦略と信念が同等の重要性を持っていて、相互に連関している

ということである。均衡戦略は信念を前提として逐次合理的でなければならず、信念は均衡戦略を前提としてベイズの公式によって修正される。この相互連関を明確に理解することが、完全ベイジアン均衡概念を理解する鍵である。そうは言っても、まだ抽象的で分かりにくいだろう。そこでこの後の3つの項では、具体的なゲームを用いて、完全ベイジアン均衡を求める方法を説明する。

18 デートの不完備情報ゲーム

——彼女はデートに現れるか

　前項で解説した完全ベイジアン均衡を用いて、デートゲームの結末を考察しよう。第16項の図を再掲する。ただし1点だけ違いがある。本項の図では、男性Aの情報集合の2つのノードに $[p']$ と $[1-p']$ という記号が付いている。これが男性Aの抱く信念である。彼は女性Bが p' の確率でジャズ好きで $1-p'$ の確率でクラシック好きだと思っている[*1]。これで完全ベイジアン均衡の条件(1)を満たすことになる。

　次に条件(2)を検討しよう。まず女性Bは、部分ゲーム完全ナッ

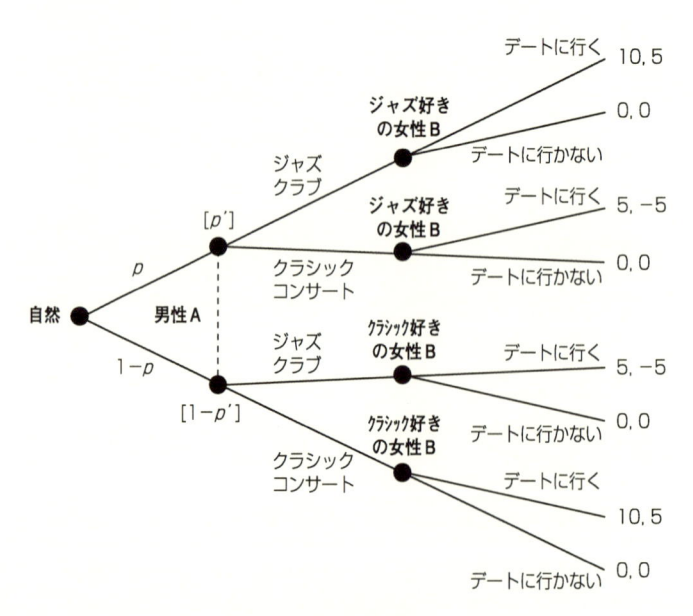

デートの不完備情報ゲーム

シュ均衡の場合と同様に、(自分がそのノードにいることを確信して)それぞれの自分のノード（情報集合）で最適反応をする。したがって一番上のノードでは「デートに行く」を、2番目のノードでは「デートに行かない」を、3番目のノードでは「デートに行かない」を、4番目のノードでは「デートに行く」を選択する。つまり（デートに行く，デートに行かない，デートに行かない，デートに行く）が女性Bの戦略である[2]。

男性Aはこの戦略と自分の信念を所与として最適反応をする。これが**逐次合理性**である。男性Aは自分が上のノードにいる確率をp'、下のノードにいる確率を$1-p'$としている。したがって彼は「ジャズクラブに誘う」という戦略の期待利得と「クラシックコンサートに誘う」という戦略の期待利得を計算し、期待利得が大きい戦略を選ぶ。

まず「ジャズクラブに誘う」場合の期待利得を計算しよう。男性Aが上のノードにいれば、女性Bはジャズ好きなので、誘いを受けてデートに行く。したがって男性Aの利得は10となる。男性Aが下のノードにいる場合は、女性Bはクラシック好きなので、誘いを断りデートに行かない。このため彼の利得は0になる。したがって期待利得は次のようになる。

$$E_A(ジャズクラブに誘う) = 10p' + 0(1-p') = 10p'$$

同様に、「クラシックコンサートに誘う」場合の期待利得も計算できる。男性Aが上のノードにいれば、女性Bはジャズ好きなので、誘いを断りデートに行かない。このため彼の利得は0になる。男性

---

[1] 女性Bも自分の情報集合で信念を持っているが、それぞれの情報集合のノードは1つだけなので、そこに確率1を割り当てる。それをいちいち書くのは煩雑なので省略する。
[2] 戦略は、自分の番になるすべての情報集合での行動を集めたものであることを思い出そう。

Aが下のノードにいれば、女性Bはクラシック好きなので、誘いを受けてデートに行く。そして男性Aの利得は10となる。したがって期待利得は次のようになる。

$$E_A(クラシックコンサートに誘う) = 0p' + 10(1-p')$$
$$= 10 - 10p'$$

したがって$10p'$が$10-10p'$よりも大きければ、すなわちp'が0.5よりも大きければ、男性Bは「ジャズクラブに誘う」という戦略を選ぶ。

それではこの信念$(p', 1-p')$はどのように形成されるのだろうか。それを決めるのが完全ベイジアン均衡の条件(3)である。男性Aの情報集合は自然の選択の後に始まるので、彼のどのような均衡戦略でも均衡経路上にある。したがって条件(4)ではなく条件(3)を適用する。このゲームでは、男性Aは女性Bに関する何の情報も得ていない。したがって事前確率がそのまま事後確率になる。つまり$p'=p$である。したがって、p'が0.5よりも大きいということは、pが0.5よりも大きいということになる。つまり女性Bがジャズ好きなタイプである確率が0.5よりも大きいならば、男性Aは「ジャズクラブに誘う」を選択し、0.5よりも小さいならば「クラシックコンサートに誘う」を選択する。0.5のときはどちらでも構わないので、2つの戦略を混合化するとしよう。

以上の考察をまとめると、このデートの不完備情報ゲームの完全ベイジアン均衡は次のようになる[*3]。

[*3] 完全ベイジアン均衡の表現方法はいくつかあるようだが、プレーヤーの戦略と信念が明確に分かりさえすればよいだろう。

男性Aの戦略
 $p > 0.5$の場合　　　「ジャズクラブに誘う」
 $p < 0.5$の場合　　　「クラシックコンサートに誘う」
 $p = 0.5$の場合　　　この2つの戦略を混合化

男性Aの信念　　　$p' = p$

ジャズ好き女性Bの戦略
 上のノード　　　「デートに行く」
 下のノード　　　「デートに行かない」

クラシック好き女性Bの戦略
 上のノード　　　「デートに行かない」
 下のノード　　　「デートに行く」

　この均衡は日常常識にも適っている。女性Bは自分の好きな音楽が聴けるデートに誘われれば喜んでデートに行くだろうし、好みでない音楽を聴かなければならないのならばデートに行かないだろう。一方、男性Aは女性Bに関する情報を持っていないので、女性Bに関する事前確率を頼りに戦略を選ぶ。女性Bがジャズ好きである確率が高いならば、当然、男性Aは彼女をジャズクラブに誘う。完全ベイジアン均衡は、この状況を厳密に表現することができる。

19 信頼の不完備情報ゲーム

――相手は信頼できるか、裏切るか

　不完備情報ゲームの完全ベイジアン均衡を求める練習問題として、信頼ゲームを取り上げよう。方法は前項のデートゲームと同じである。完全ベイジアン均衡の4つの条件を満たすように、均衡戦略と信念を求めればよい。

　信頼の不完備情報ゲームは次のようになる。まず自然が信頼される者Bのタイプを定める。タイプは「信頼に応える」タイプと「裏切る」タイプがある。Bが前者のタイプである確率をp、後者である確率を$1-p$とする。信頼者Aは、Bがどちらのタイプであるかを知らずに、ただし確率p'で信頼に応えるタイプだろうという信念を持って、Bを信頼するかしないか選択する。信頼しない場合には、そこでゲームは終わる。そして現状のままなので、AとBの利得はそれぞれ0である。AがBを信頼した場合、Bの番になり、Bは信頼に応えるか裏切るかを選択する。Bが信頼に応えるタイプの場合（ゲームツリーの上のノードの場合）、信頼に応えると10の利得を得て、裏切ると5の利得を得る。一方、AはBに信頼に応えてもらうと$G(>0)$の利得を得て、裏切られると$-L(<0)$の利得を得る。Bが裏切るタイプの場合（ゲームツリーの下のノードの場合）は、信頼に応えると5の利得を得て、裏切ると10の利得を得る。

一方、AはBに信頼に応えてもらうと $G(>0)$ の利得を得て、裏切られると $-L(<0)$ の利得を得る。

　前にも述べたが、このゲームは信頼の基本的な特性を的確に表現している。人を信頼して相手がそれに応えてくれれば、現状よりも良くなる。しかし裏切られると、現状よりも悪くなる。それでは、「信頼に応えてくれる人を見つけて、その人を信頼すればよい」ということになるが、現実にはその人が信頼に応えるタイプか裏切るタイプかを見極めるのは難しい。そこで信頼する側は、相手のタイプに関する主観的な確率分布、すなわち**信念**を用いて、相手を信頼するかしないか選択する。

　上述したように、Aは自分の情報集合で $(p', 1-p')$ という信念を持つ。またBの2つの情報集合はそれぞれ1つのノードしかないので、確率1でそのノードにいるという信念を持つ。これで完全ベイジアン均衡の条件(1)が満たされる。

　次に条件(2)について検討しよう。デートゲームの場合と同様に、Bのノードから始まる部分ゲームにおけるBの最適反応を調べよう。

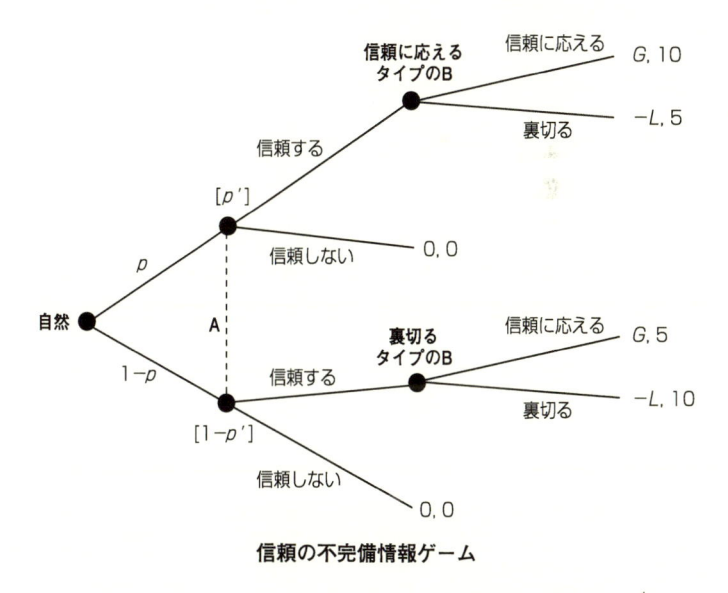

信頼の不完備情報ゲーム

上のノード（Bが信頼に応えるタイプの場合）では、「信頼に応える」が最適反応である。なぜなら、「信頼に応える」と10の利得を得るが、「裏切る」だと5の利得に下がってしまうからである。下のノード（Bが裏切るタイプの場合）では、「裏切る」が最適反応である。

Aはこのことを予測し、かつ信念 (p', $1-p'$) のもとで、信頼するかしないかを選択する。自分の情報集合のどちらのノードにいるのかは分からないので、デートゲームの男性Aと同様に、期待利得を計算する。AがBを信頼した場合、Bが信頼に応えるタイプならばAの利得は G、Bが裏切るタイプならばAの利得は $-L$ になる。したがってこの場合の期待利得は次のようになる。

$$E_A(信頼する) = Gp' + (-L)(1-p')$$

一方、AがBを信頼しない場合は、Bがどちらのタイプでも Aの利得は0なので、期待利得も0になる。したがって上の式が0よりも大きければ、AはBを信頼する。実際に計算すると、次のようになる。

$$Gp' + (-L)(1-p') > 0$$
$$(G+L)p' > L$$
$$p' > \frac{L}{G+L}$$

デートの不完備情報ゲームと同様に、Aの情報集合は均衡経路上にあるので、条件(3)が適用される。そしてAは自分の情報集合に到

るときにBに関する情報を何も得ていないので、事前確率がそのまま事後確率になる。$p'=p$ である。したがって上の不等式は

$$p > \frac{L}{G+L}$$

となる。

以上の分析より、この信頼の不完備情報ゲームの完全ベイジアン均衡は次のようになる。

Aの戦略

$p > \dfrac{L}{G+L}$ の場合　　「Bを信頼する」

$p < \dfrac{L}{G+L}$ の場合　　「Bを信頼しない」

$p = \dfrac{L}{G+L}$ の場合　　この2つの戦略を混合化

Aの信念　　　　　　　$p'=p$

信頼に応えるタイプのBの戦略　　「信頼に応える」

裏切るタイプのBの戦略　　　　「裏切る」

ところで $p > \dfrac{L}{G+L} = \dfrac{1}{\dfrac{G}{L}+1}$ は第12項の不等式と同じである。したがって第12項の分析と同じことが言える。つまりBが信頼に応え

た場合の利得 G が大きいならば、Bが信頼に応えるタイプである確率が低くても、AはBを信頼する。一方、Bが裏切った場合の損失 $-L$ が大きいならば、Bが信頼できる人間でないと、AはBを信頼しない。

　第12項では、Bの選択を確率的なものにして、この結論を導き出した。本項では、(1) Bもプレーヤーとして戦略選択をすること、(2) Bには2つのタイプがあるが、Aにとってはどちらのタイプを相手にしているか分からない、という不完備情報ゲームを構築して、同じ結論を導き出した。

20 シグナリングゲーム

──相手を信頼させる

　ここまでデートゲームと信頼ゲームを例にとって、展開形の不完備情報ゲームの完全ベイジアン均衡を求める方法を解説してきた。本項では、不完備情報ゲームがその本領を発揮する**シグナリングゲーム**について解説し、その完全ベイジアン均衡の求め方を解説する。今までと違った均衡を求めるわけではない。第17項で示した4つの条件を満たす均衡を求めればよい。ただしシグナリングゲームに固有のコツのようなものがあるので、そこに注意しながら解説する。

　もう一度、信頼ゲームについて考えよう。現実の場面では、Bは現状よりもAに信頼してもらう方が望ましい。それは信頼に応えるタイプのBでも裏切るタイプのBでも同様である。そこで、Bは何らかの情報をAに伝えて自分が信頼に値する人間であると思ってもらおうとするだろう。この情報のことをシグナリングゲームでは**シグナル**と呼ぶ。Bがシグナルを送り、Aがそのシグナルに基づいていかなる選択をするのか、これがシグナリングゲームのポイントである[*1]。

　きちんとした服装をしていることが信頼に値する人間だと判断されやすいとしよう。そこで、Bには「スーツを着る」と「カジュアルな服を着る」という選択肢があったとしよう。スーツを着ること

[*1] 信頼ゲームをシグナリングゲームとして定式化する発想はしごく自然なので、既にいくつかの研究がある。たとえば Michael Bacharach and Diego Gambetta, 2001, "Trust in Signs," Karen S. Cook (ed.), *Trust in Society*, Russell Sage Foundation. 参照。

は「信頼に値する人間である」というシグナルをAに送ることになり、カジュアルな服を着ることは「裏切る人間である」というシグナルをAに送ることになる。ただしBのタイプにより、シグナルを送るのにコストがかかる。信頼に応えるタイプのBだとスーツを着ることには違和感がないが、着慣れないカジュアルな服を着るのには抵抗感がある。この抵抗感から生じるコストを2としよう。同様に、裏切るタイプのBはスーツを着ることに抵抗感があり、そのコストは2である。

このシグナリングゲームのゲームツリーは下図のようになる。

まず自然が、信頼に応えるタイプのBか裏切るタイプのBかを割り当てる。話を簡単にするために、前者のタイプに割り当てる確率を0.8としよう（前項のゲームではpとした）。

次にBは「スーツを着る」か「カジュアルな服を着る」という行動を選択する。これはAにとってシグナルになる。言い換えれば、Aが観察できるのはBの着ている服であり、Bのタイプは分からな

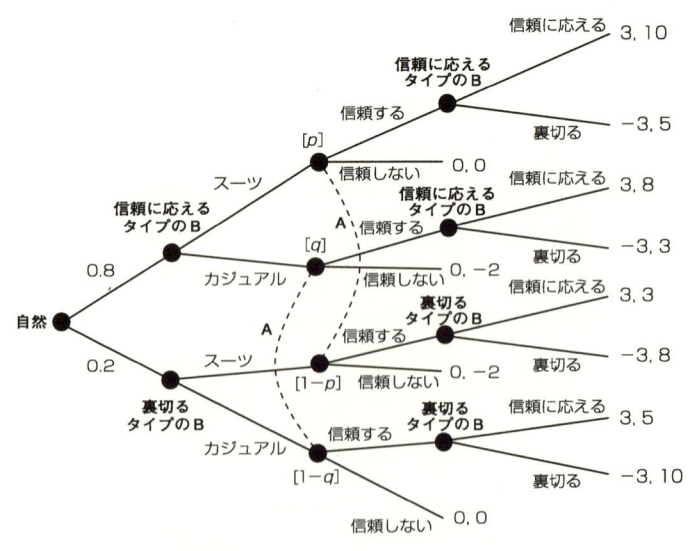

信頼のシグナリングゲームのゲームツリー

い。ただしシグナルに基づいて信念を持つことはできる。そこでBがスーツを着ている場合に、Bが信頼に応えるタイプであるというAの信念をp、Bが裏切るタイプであるというAの信念を$1-p$とする。同様に、Bがカジュアルな服を着ている場合に、Bが信頼に応えるタイプであるというAの信念をq、Bが裏切るタイプであるというAの信念を$1-q$とする。

この信念のもとで、AはBを信頼するかしないか選択する。信頼しない場合はそこでゲームが終わり、AとBの利得が決まる。Aの利得は現状のままなので0である。Bの利得は、前項の利得と少し異なる。信頼に応えるタイプのBがスーツを着た場合は、コスト2が生じないので、利得は0である。しかしカジュアルな服を着た場合はコスト2が生じるので、利得は-2となる。同様に、裏切るタイプのBがスーツを着た場合は利得-2、カジュアルな服を着た場合は利得0となる。

AがBを信頼する場合、Bは信頼に応えるか裏切るか選択する。ここでも話を簡単にするために、Bが信頼に応えた場合のAの利得を3、裏切った場合のAの利得を-3としよう（前項のゲームではそれぞれGと$-L$だった）。信頼に応えるタイプのBの利得は、スーツを着て信頼に応えた場合は10、スーツを着て裏切った場合は5、カジュアルな服を着て信頼に応えた場合は$10-2=8$、カジュアルな服を着て裏切った場合は$5-2=3$となる。裏切るタイプのBの利得は、スーツを着て信頼に応えた場合は$5-2=3$、スーツを着て裏切った場合は$10-2=8$、カジュアルな服を着て信頼に応えた場合は5、カジュアルな服を着て裏切った場合は10となる。

このシグナリングゲームの完全ベイジアン均衡を求めよう。まず一番右側のBのノード（情報集合）から始まる部分ゲームに着目しよう。一番上のノードと上から2番目のノードではBは「信頼に応える」を選択し、上から3番目のノードと一番下のノードではBは「裏切る」を選択する。したがって、これらの部分ゲームをBの最適反応の結果として生じる利得で置き換えよう。すると、ゲームツリーは下図のようになる。

ここからがシグナリングゲーム固有の考え方であるが、まず仮にBのシグナル選択が均衡戦略の一部であると仮定して、Aの信念形成とそれに基づいた行動選択を求める。そしてまたBに戻って、Aの行動選択を前提として、Bのシグナル選択が最適反応になっているかどうか（つまり均衡戦略の一部になっているかどうか）を確認する。これはBのシグナル選択が逐次合理性の条件（完全ベイジアン均衡の条件(2)）を満たしているかどうか、チェックするためである。この「Bのシグナル選択を仮に決める → Aの信念と行動を

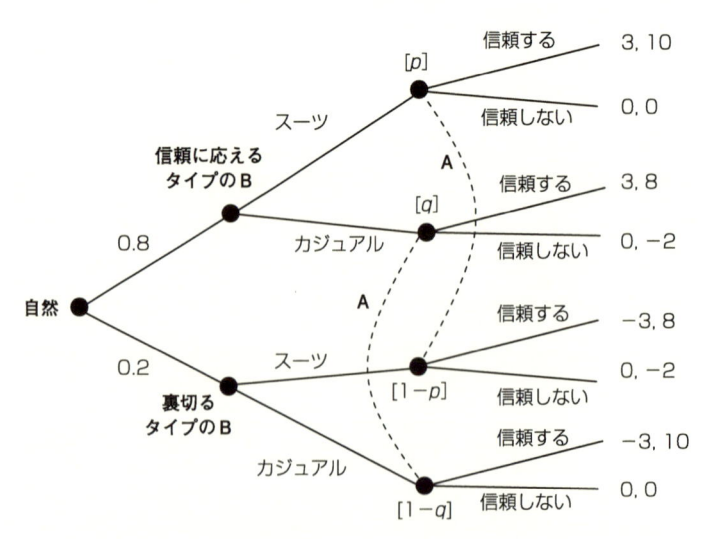

Bのノードから始まる部分ゲームを刈り込んだゲームツリー

決める → 仮に決めたBのシグナル選択がAの行動に対して最適反応になっているかチェックする」という一連の流れをよく理解する必要がある。

Bのシグナル選択には、違うタイプでも同じ服を着るという一括行動と、違うタイプなら違う服を着るという分離行動がある[*2]。前者は（スーツ，スーツ）、（カジュアル，カジュアル）と表現できる。ただし丸カッコの中の初めが信頼に応えるタイプの行動、次が裏切るタイプの行動である。後者は（スーツ，カジュアル）、（カジュアル，スーツ）と表現できる。仮にこれらの行動がBの均衡戦略の一部であると仮定して、分析を進めよう。

(1) Bのシグナル選択が（スーツ，スーツ）の場合

このときAの上の情報集合は均衡経路上にあるので、Aの信念 $(p, 1-p)$ は完全ベイジアン均衡の条件 (3) にしたがってベイズの公式で求められる。

$$p = P(信頼に応えるタイプ \mid スーツ)$$

$$= \frac{P(信頼に応えるタイプ)\,P(スーツ \mid 信頼に応えるタイプ)}{P(信頼に応えるタイプ)P(スーツ \mid 信頼に応えるタイプ) + P(裏切るタイプ)P(スーツ \mid 裏切るタイプ)}$$

ここで P（信頼に応えるタイプ）は 0.8、P（裏切るタイプ）は 0.2 である。そして信頼に応えるタイプも裏切るタイプもスーツを着るので、P（スーツ｜信頼に応えるタイプ）と P（スーツ｜裏切るタイプ）はともに 1 となる。Bのシグナル選択によってこれらの条件付確率の値が決まることをよく理解する必要がある。

[*2] この他に、たとえば信頼に応えるタイプのBはスーツを着て、裏切るタイプのBはスーツを着るかカジュアルな服を着るか混合化する、という行動もある。しかし話を簡単にするために、ここではこのような行動は扱わない。

これらの値を上の式に代入すると $p=\dfrac{0.8\times 1}{0.8\times 1+0.2\times 1}=0.8$ となる[*3]。一方、Aの下の情報集合は均衡経路上にないので、完全ベイジアン均衡の条件(4)にしたがって、Aの信念 $(q, 1-q)$ はいかなる値でもよい。

次に、Aはそれぞれの情報集合で「信頼する」か「信頼しない」を選択する。情報集合のどちらのノードにいるかは分からないので、期待利得の大小によって決める。上の情報集合の場合、期待利得は次のようになる。

E（信頼する） $= 0.8\times 3+0.2\times(-3)=1.8$
E（信頼しない） $= 0.8\times 0+0.2\times 0=0$

したがってAはBを信頼する。

Aの下の情報集合では、期待利得は次のようになる。

E（信頼する） $= 3q+(-3)(1-q)=6q-3$
E（信頼しない） $= 0\times q+0\times(1-q)=0$

したがって、$6q-3\geq 0$、すなわち $q\geq 0.5$ の場合AはBを信頼し、$q<0.5$ の場合は信頼しない[*4]。

これでAの信念と最適反応が決まったので、初めに仮に決めた（スーツ，スーツ）というBの一括行動がAの最適反応に対する最適反応になっているかどうか確認しよう。$q\geq 0.5$ の場合から見てみよう。この場合、裏切るタイプのBはスーツからカジュアルな服に行動を変える誘因を持つ。このように行動を変えると、利得が8

[*3] 信頼に応えるタイプのBも裏切るタイプのBもスーツを着るので、Aは両者を識別する情報を得られない。このため、事後確率 p は事前確率0.8と同じになる。

[*4] $q=0.5$ のときは、「信頼する」と「信頼しない」の利得が同じになるので、混合化が行われうる。しかし話を簡単にするために、この場合は $q\geq 0.5$ の場合に含めることにする。

から10に上がるからである。したがってこの場合、完全ベイジアン均衡は存在しない。

$q<0.5$ の場合はどうだろうか。この場合、どちらのタイプのBも（スーツ, スーツ）から行動を変える誘因を持たない。信頼に応えるタイプの場合、スーツからカジュアルな服に変更すると、利得は10から−2に下がる。裏切るタイプの場合、利得は8から0に下がる。したがってこの場合、完全ベイジアン均衡が存在する。

(2) Bのシグナル選択が（カジュアル, カジュアル）の場合

今度はAの上の情報集合は均衡経路上にないので、$(p, 1-p)$ はいかなる値もとれる。一方、Aの下の情報集合は均衡経路上にあるので、ベイズの公式により $q=0.8$ となる。

このときAの上の情報集合での期待利得は次のようになる。

$$E（信頼する）= 3p+(-3)(1-p) = 6p-3$$
$$E（信頼しない）= 0\times p+0\times(1-p) = 0$$

したがって $p \geq 0.5$ の場合AはBを信頼し、$p<0.5$ の場合は信頼しない。

Aの下の情報集合での期待利得は次のようになる。

$$E（信頼する）= 0.8\times3+0.2\times(-3)=1.8$$
$$E（信頼しない）= 0.8\times0+0.2\times0=0$$

したがってAはBを信頼する。

次にBの（カジュアル, カジュアル）という一括行動が最適反応

になっているかどうかチェックしよう。$p \geq 0.5$ の場合、信頼に応えるタイプのBは、カジュアルな服からスーツに変更することで、利得が8から10に上がる。したがってこの場合、完全ベイジアン均衡は存在しない。しかし $p < 0.5$ の場合、どちらのタイプのBもカジュアルな服からスーツに変更する誘因を持たない。したがって完全ベイジアン均衡が存在する。

(3) Bのシグナル選択が（スーツ，カジュアル）の場合

この場合、Aの上の情報集合における信念は次のように形成される。ここでも、P（スーツ｜信頼に応えるタイプ）と P（スーツ｜裏切るタイプ）がBのシグナル選択によって決まることに注意しよう。信頼に応えるタイプはスーツを着て、裏切るタイプはスーツを着ないので、それぞれ1と0となる。

$$\begin{align}p &= P（信頼に応えるタイプ｜スーツ）\\ &= \frac{P(信頼に応えるタイプ)\ P(スーツ｜信頼に応えるタイプ)}{P(信頼に応えるタイプ)P(スーツ｜信頼に応えるタイプ)+P(裏切るタイプ)P(スーツ｜裏切るタイプ)}\\ &= \frac{0.8 \times 1}{0.8 \times 1 + 0.2 \times 0} = 1\end{align}$$

同様に、Aの下の情報集合における信念は次のように形成される。

$$\begin{align}q &= P（信頼に応えるタイプ｜カジュアル）\\ &= \frac{P(信頼に応えるタイプ)\ P(カジュアル｜信頼に応えるタイプ)}{P(信頼に応えるタイプ)P(カジュアル｜信頼に応えるタイプ)+P(裏切るタイプ)P(カジュアル｜裏切るタイプ)}\\ &= \frac{0.8 \times 0}{0.8 \times 0 + 0.2 \times 1} = 0\end{align}$$

つまり、信頼に応じるタイプのBがスーツを着て、裏切るタイプのBがカジュアルな服を着ているので、服を見ることでAはBがどちらのタイプか明確に分かる。

　この信念のもとで、Aは上の情報集合では（自分が上のノードにいることが分かっているので）「信頼する」を選ぶ。下の情報集合では（自分が下のノードにいることが分かっているので）「信頼しない」を選ぶ。

　次にBの（スーツ，カジュアル）という分離行動が最適反応になっているかどうかチェックしよう。裏切るタイプのBはカジュアルな服からスーツに変更する誘因を持つ。なぜなら、利得が0から8に上がるからである。したがって完全ベイジアン均衡は存在しない。

(4) Bのシグナル選択が（カジュアル，スーツ）の場合

　この場合、Aの上の情報集合における信念pは0、下の情報集合における信念qは1である。この信念のもとで、Aは上の情報集合では（自分が下のノードにいることが分かっているので）「信頼しない」を選ぶ。下の情報集合では（自分が上のノードにいることが分かっているので）「信頼する」を選ぶ。

　次にBの（カジュアル，スーツ）という分離行動が最適反応になっているかどうかチェックしよう。裏切るタイプのBは、利得が−2から10に上がるので、スーツからカジュアルな服に変更する誘因を持つ。したがって完全ベイジアン均衡は存在しない。

　以上の分析から、2つの完全ベイジアン均衡があることが分かっ

た。それらをまとめると、次のようになる。

　完全ベイジアン均衡Ⅰ
　　Aの戦略　（信頼する，信頼しない）
　　Aの信念　$((0.8, 0.2), (q, 1-q))$　ただし $q<0.5$
　　信頼に応じるタイプのBの戦略　（スーツ，信頼に応える，信頼に応える）
　　裏切るタイプのBの戦略　（スーツ，裏切る，裏切る）

　完全ベイジアン均衡Ⅱ
　　Aの戦略　（信頼しない，信頼する）
　　Aの信念　$((p, 1-p), (0.8, 0.2))$　ただし $p<0.5$
　　信頼に応じるタイプのBの戦略　（カジュアル，信頼に応える，信頼に応える）
　　裏切るタイプのBの戦略　（カジュアル，裏切る，裏切る）

　どちらの均衡でも、Bが一括行動をとっていることがポイントである。第1の均衡の場合、裏切るタイプのBが信頼に応じるタイプのBと同様にスーツを着ることで、スーツを着ることによるコストがかかっても、Aの信頼を裏切って高い利得を得ることができる。第2の均衡の場合は、裏切るタイプのBがカジュアルな服を着るので、信頼に応えるタイプのBは、コストをかけてもカジュアルな服を着て、Aの信頼を得ることになる。もしスーツを着ると（スーツ，カジュアル）という分離行動となり、完全ベイジアン均衡ではなく

なってしまう。分離行動の場合、服によってＢのタイプが分かってしまうので、裏切るタイプのＢは信頼に応じるタイプのＢと同じ服を着ようとするため、完全ベイジアン均衡が存在しない。

　このように、Ｂの選択を確率的に表した信頼のモデルから、前項で分析した信頼の不完備情報ゲームを経て、Ｂがシグナルを送る場合の不完備情報ゲームの分析に到った。このように、不完備情報という考え方と完全ベイジアン均衡という均衡概念を用いることで、相手がどんなタイプか分からず、相手の送ってくるシグナルに基づいて選択するという状況を厳密に分析することができる。

21 信用できない脅し再考

——完全ベイジアン均衡の必要性

　第17項でも述べたように、完全ベイジアン均衡は部分ゲーム完全ナッシュ均衡を精緻化したものである。ある展開形ゲームの部分ゲームでプレーヤーがナッシュ均衡戦略（最適反応）を選ぶことを要求する点では、両者は同じである。しかし完全ベイジアン均衡では、プレーヤーの信念が戦略と同等の重要性を持つ。完全ベイジアン均衡の条件(2)の逐次合理性はそのことを端的に表している。この条件は、ある情報集合におけるプレーヤーの最適反応が、後続するプレーヤーの戦略だけでなく、そのプレーヤーの信念にも依存することを示している。そして条件(3)と条件(4)は、信念がプレーヤーの均衡戦略によって決まることを要求している。前項で分析したシグナリングゲームの完全ベイジアン均衡を求めるためには、この戦略と信念の相互規定関係をよく理解する必要があった。

　しかしなぜ完全ベイジアン均衡が必要なのだろうか。なぜ信念と

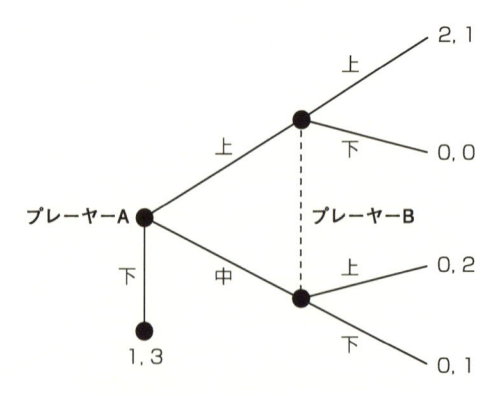

信用できない脅しのゲームツリー

いう概念を導入して、均衡概念を精緻化する必要があるのだろうか。この疑問に答えるために、前ページに示したゲームツリーのゲームを対象にして、完全ベイジアン均衡の必要性を考察しよう[1]。

まずこの展開形ゲームを戦略形で表してみよう。プレーヤーAの戦略は「上」、「中」、「下」の3つ、プレーヤーBの戦略は「上」と「下」の2つである。プレーヤーAが「上」を選択した場合、プレーヤーBが「上」を選択すれば利得は（2, 1）、「下」を選択すれば利得は（0, 0）である。プレーヤーBが「中」を選択した場合、プレーヤーBが「上」を選択すれば利得は（0, 2）、「下」を選択すれば利得は（0, 1）である。そしてプレーヤーAが「下」を選択した場合、プレーヤーBの手番は来ないので、プレーヤーBの戦略が「上」でも「下」でも、利得は（1, 3）となる。

この戦略形ゲームのナッシュ均衡を求めよう。純粋戦略だけに着目すれば、（上, 上）と（下, 下）である。これらのナッシュ均衡を展開形に戻って解釈しよう。

（上, 上）の場合、まずプレーヤーAが「上」を選択する。自分の番になったプレーヤーBは情報集合のどちらのノードにいるか分からずに「上」を選択する。しかしこの選択は最適反応である。なぜなら、どちらのノードにいても「上」を選ぶ方が「下」を選ぶよ

信用できない脅しの戦略形ゲーム

		プレーヤー B	
		上	下
	上	2, 1	0, 0
プレーヤー A	中	0, 2	0, 1
	下	1, 3	1, 3

[1] このゲームと完全ベイジアン均衡の必要性に関する考察は、Robert Gibbons, 1992, *Game Theory for Applied Economists*, Princeton University Press.（福岡正夫・須田伸一（訳），1995『経済学のためのゲーム理論入門』創文社.）4.1による。

りも利得が高いからである。プレーヤーAの「上」もこのプレーヤーBの「上」選択に対する最適反応になっていることに注意しよう。プレーヤーBが「上」を選ぶならば、「上」を選べば利得は2、「中」を選べば利得は0、「下」を選べば利得は1なので、「上」を選ぶことになる。

　もう1つのナッシュ均衡（下、下）の場合、プレーヤーAが「下」を選んで、ゲームは終わる。プレーヤーBの手番は来ない。しかし、手番は来ないが、もし来たならば「下」を選ぶことになっている。展開形ゲームにおける戦略は、自分のすべての情報集合における行動を集めたものなので、たとえ自分の番が来なくても、自分の情報集合における行動を決めておく必要がある。そしてプレーヤーBは「下」を選んだ。しかし、もしプレーヤーBの番になったとしたら、「下」は最適反応にはなっていない。「上」を選んだ方が、情報集合のどちらのノードにいても、利得が高くなるからである。このことは、プレーヤーBの次のような脅しをプレーヤーAが信用したことを意味する。「もし『下』を選ばずに、『上』や『中』を選んだら、『下』を選ぶぞ。そうすれば、お前の利得は0だ。」この脅しを信用して、プレーヤーAは「下」を選んで、利得1を確保することになる。

　この状況は第11項の信用できない脅しに類似している。第11項では、信用できない脅しが信用されないように部分ゲーム完全ナッシュ均衡を用いる必要があることを説明した。それでは、このゲームでも部分ゲーム完全ナッシュ均衡を用いればよいではないか。この

ような考えが浮かぶかもしれない。しかし残念ながら、このゲームの部分ゲームは全体のゲームだけである。したがって部分ゲーム完全ナッシュ均衡は戦略形ゲームのナッシュ均衡と同じになってしまう。

それでは完全ベイジアン均衡を用いたら、どうなるだろうか。まず完全ベイジアン均衡の条件(1)より、プレーヤーBは自分の情報集合において信念 $(p, 1-p)$ を持つ。p はプレーヤーAが「上」を選択したときに到達するノードにいる確率であり、$1-p$ はAが「中」を選択したときに到達するノードにいる確率である（下のゲームツリー参照）。

プレーヤーAが均衡戦略として「上」か「中」を選択した場合は、この情報集合は均衡経路上にあるので条件(3)が適用される。ただし、プレーヤーBはAの「上」か「中」の選択を分別できないので、信念 $(p, 1-p)$ は修正されない。しかしいかなる信念に対しても、プレーヤーBにとっては「上」を選択する方が利得が高くなる。したがってBの最適反応は「上」であり、これは条件(2)の逐次合理性を満たす。このことを予測したプレーヤーAは自分の3つの戦略のうちもっとも利得が高くなる「上」を選ぶ。この選択も条件(2)の逐次合理性を満たしている。

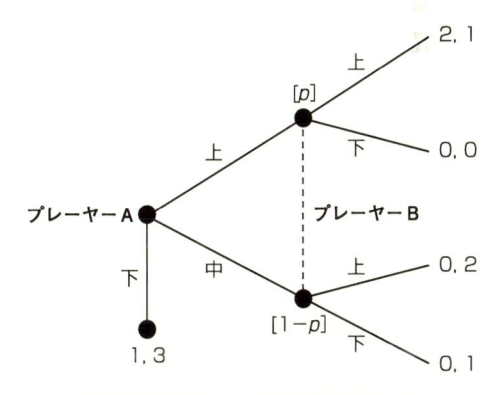

信用できない脅しの不完備情報ゲーム

以上の分析から、このゲームの完全ベイジアン均衡は次のようになる。これはナッシュ均衡（上、上）に対応する。

プレーヤーAの戦略　　「上」
プレーヤーBの戦略　　「上」
プレーヤーBの信念　　$(p, 1-p)$

もう1つのナッシュ均衡（下，下）は、完全ベイジアン均衡ではない。プレーヤーAが均衡戦略として「下」を選択すると、プレーヤーBの情報集合は均衡経路上にはないので、条件(4)より、Bはいかなる信念でも持つことができる。そしていかなる信念のもとでも、Bの最適反応は「上」である。このことを予測したプレーヤーAは「下」から「上」に戦略を変更する誘因を持つ。なぜなら利得が1から3に増えるからである。

このように、プレーヤーBが「下」をとるぞと脅してプレーヤーAがそれを信用して「下」を選択する状況は完全ベイジアン均衡ではない。こうして、完全ベイジアン均衡は信用できない脅しが実現しないことを説明できる。ここに、完全ベイジアン均衡の必要性がある。

IV 進化ゲーム

22 進化ゲーム理論

───戦略の分布とその変化

　本項からは、従来のゲーム理論から発展してきた**進化ゲーム理論**について解説する。進化ゲーム理論では、社会の中に無数とも言える個体がいると想定する。それぞれの個体は戦略を持っている。そして、時間とともにさまざまな戦略を持っている個体の分布（これは戦略の分布そのものである）がいかなる変化をするのか、またある戦略を持つ個体がその社会全体を占めているときに（100％の個体がその戦略をとっているときに）、別の戦略を持つ個体がその社会に侵入できるか、という問題にアタックする。

　なお、ここで言う「個体」とは、従来のゲーム理論の「プレーヤー」と同じ意味である。ただし、後述するように、進化ゲーム理論では「プレーヤー」ではなく「個体」ないしは「エージェント」という用語を用いる傾向がある。

　さて、今まで解説してきた従来のゲーム理論と進化ゲーム理論とでは、2つの大きな考え方の違いがあるので、このことを理解することが肝要である。第1はプレーヤーと戦略に関する考え方の違いであり、第2はプレーヤーの合理性に関する考え方の違いである。本項では、これらの違いについて解説する。

　まず第1の違いについて解説しよう。従来のゲーム理論では、ど

のプレーヤーがいかなる戦略を選ぶか、そしてその選ばれた戦略プロファイルが均衡となっているか否かが重要な研究課題である。チキンゲームでは、少年Aと少年Bが「直進」と「曲がる」のどちらを選んで、どちらの少年がゲームに勝つのかが大きな関心事になる。デートゲームでは、男性Aが「ジャズクラブ」と「クラシックコンサート」のどちらを選び、女性Bが「デートに行く」か「デートに行かない」のどちらを選び、果たして2人はジャズクラブに行くのか、クラシックコンサートに行くのか、それともデートには行かないのか、が問題になる。

これに対して、進化ゲーム理論では、プレーヤーが理論の後景にさがり、社会における戦略の分布が研究関心となる。社会の中にたくさんのプレーヤーがいて、彼らがゲームを行い、その結果として社会全体としてある戦略をとっているプレーヤーの割合がどうなっているのかを知ることが目的である。たとえば、社会の中でたくさんのプレーヤーがペアになって囚人のジレンマゲームを行っているときに、協力選択をするプレーヤーが何％いるのかが重要になる。

もともと進化ゲーム理論は、その名が示すとおり、**生物進化過程**を分析する道具として発展してきた[*1]。そこでは、個々の生物個体の行動（戦略）ではなく、特定の種や遺伝子が社会の中で広まっていくか否か、また特定の種や遺伝子が社会の中で広まっているときにそれらが突然変異の侵入を防ぐことが可能かどうか、といった問題が検討されてきた。このため、進化ゲーム理論では、プレーヤーという言葉を使わずに、「個体」や「エージェント」という言葉を使うのである。本書でも、この慣例に従うことにしよう。

[*1] John Maynard Smith, 1982, *Evolution and the Theory of Games*, Cambridge University Press.（寺本英・梯正之（訳），1985『進化とゲーム理論——闘争の論理』産業図書.）参照。

もちろん、従来のゲーム理論でも、たくさんのプレーヤーのいる状況を分析することは可能である。前項までは（社会的ジレンマを除いて）2人のプレーヤーしかいないゲームを扱ってきたが、これらのゲームを3人以上のプレーヤーのゲームにすることは簡単である。しかし従来のゲーム理論の問題関心は、あくまでもプレーヤーの戦略選択にあり、**戦略分布の時間的変化**（これがまさしく進化の過程である）は研究の主題ではない。

　第2の違いは、従来のゲーム理論がプレーヤーの**前向き合理性**を仮定するのに対し、進化ゲーム理論では**後ろ向き合理性**を仮定していることである。前向き合理性とは、未来の望ましい状態を実現するために現時点で戦略を選ぶ、という合理性である。相手の戦略選択を制約条件としながら、できるだけ自分の望ましい結果（戦略プロファイル）を実現しようとする。第1項の初めに述べた「うまくやりたいけれど、相手もいることだし……」という発想である。

　これに対して、進化ゲーム理論では、過去の結果が現時点での個体の戦略を決める。ここでまず注意すべきことは、個体は従来のゲーム理論のプレーヤーのように戦略を選択することはない、ということである。たとえば囚人のジレンマゲームで協力選択をとる個体は、自ら「協力」を選ぶのではなく、あたかも協力行動の遺伝子を持っているかのように、ゲームの場面で自動的に協力する。ただしずっと同じ行動をとるわけではなく、過去の結果によって行動を変えることがある。たとえば「前回協力行動をとったが利得が低かったので今回は非協力行動をとる」という一種の学習によって、行動が変わりうる。または前回非協力行動をとった個体の利得が協力行

動をとった個体の利得よりも低いならば、前者は後者よりも残せる子孫数が少なくなり、今回は前者の割合が減り後者の割合が増える、という自然選択の過程を想定することもできる。

　ただし前向き合理性と後ろ向き合理性の中間形態のような戦略選択も進化ゲーム理論では採用されることがある。第25項で用いる**最適反応**がその典型例である。今までの項で解説してきたプレーヤーの最適反応は、各プレーヤーが他のプレーヤーの戦略選択を予測し、それを前提として、もっとも自分の利得が高くなるような戦略を選ぶことだった。しかし第25項で用いる最適反応は、個体が現時点での戦略分布を前提として、それが固定していると考えて、もっとも利得が高くなるような戦略を選ぶことである。他の個体が自分と同じように最適反応をするとは考えない。現時点の戦略分布を所与として、自分だけが合理的に戦略を選択すると考えて、最適な戦略を選ぶ。

　このように、個体は学習によって戦略を変更したり、利得の高い（低い）戦略をとっている個体の割合が自然選択によって増加（減少）したりして、社会の中で戦略の分布が時間的に変化していく。そして戦略分布が時間的に変化しない状態を均衡として考える。従来のゲーム理論と同様に、この均衡をめぐる分析が進化ゲーム理論の主要テーマである。

23 進化的安定戦略

――侵入者への耐性

進化的安定戦略は、進化ゲーム理論における重要な均衡概念の1つである。この概念の考え方はとても単純である。社会の中ですべての個体が特定の戦略Aを持っていたとしよう。このとき、わずかな割合で別の戦略Xを持つ個体がその社会に入ってきたとしよう。下図のようなイメージである。戦略Aが突然変異で戦略Xに変わることもあるし、外部から戦略Xを持つ個体が侵入してくることもある。このとき、いかなる戦略Xに対しても、その戦略を持つ個体が社会の中に増えていくことができないならば、言い換えれば、再びすべての個体が戦略Aを持つようになるならば、この戦略Aは進化的安定戦略である。

 進化的安定戦略の数学的な定義は2つある。ここでは直感的に分かりやすい定義を紹介する[*1]。戦略Xの割合を ε とする。これは0から1までの値をとる。ただし実際には、わずかな割合なので、非常に小さい値である。一方、戦略Aの割合は $1-\varepsilon$ である。ここで、戦略Aを持つ個体が戦略Aを持つ個体と出会ってゲームを行った場

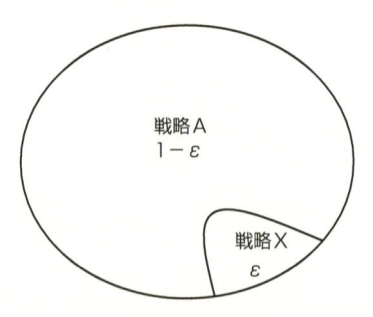

戦略Aの社会にわずかな割合で戦略Xが入ってくる状況

合の利得をU_{AA}とする。同様に、戦略Aと戦略Xの場合の利得をU_{AX}、戦略Xと戦略Aの場合の利得をU_{XA}、戦略Xと戦略Xの場合の利得をU_{XX}とする。

このとき、戦略Aを持つ個体と戦略Xを持つ個体の期待利得を計算しよう。利得は上のように決めたので、後は戦略Aを持つ個体が戦略Aを持つ個体と出会う確率と戦略Xを持つ個体と出会う確率を求めよう。まず前者の確率は、戦略Aを持つ個体の割合$1-\varepsilon$である。厳密に考えれば、当の個体の分を引かなければならない。しかし社会全体の個体数が非常に大きいので、当の個体分の割合の変化はゼロと近似しても問題ない。同様の考え方で、後者の確率は戦略Xを持つ個体の割合εである。したがって戦略Aを持つ個体の期待利得E_Aは次のようになる。

$$E_A = (1-\varepsilon)U_{AA} + \varepsilon U_{AX}$$

同様に、戦略Xを持つ個体が戦略Aを持つ個体と出会う確率は$1-\varepsilon$、その個体が戦略Xを持つ個体と出会う確率はεなので、戦略Xを持つ個体の期待利得E_Xは次のようになる。

$$E_X = (1-\varepsilon)U_{XA} + \varepsilon U_{XX}$$

あらゆる戦略Xに対して、E_AがE_Xよりも大きいならば、(学習や自然選択によって)戦略Aを持つ個体が増えていき、戦略Xを持つ個体は減っていく。そして最終的には、戦略Aを持つ個体が社会全体を占める状態に復元する。したがって戦略Aは進化的安定戦略である。

---

*1 もう1つの定義については、たとえば石原英樹・金井雅之, 2002『進化的意思決定』朝倉書店, 第7章参照。

ここまでの説明から分かるように、戦略Aが進化的安定戦略ならば、突然変異などで社会が少しぐらい揺らいでも、元の状態に戻る。この意味で社会の均衡を表現している。また、個体が戦略Aから別の戦略に移行しても利得が下がるので、従来のゲーム理論のナッシュ均衡の考え方とも通じるものがある。一般的に言って、進化的安定戦略の組は元のゲームのナッシュ均衡である。しかしナッシュ均衡を構成する戦略は必ずしも進化的安定戦略ではない。このことについては、本項の最後で整理する。

　以上の議論はやや抽象的だったので、具体例を用いて進化的安定戦略を求めよう。社会の中に無数の個体がいて、個体が出会うと囚人のジレンマゲームをするとしよう。この場合、個体がとれる戦略は「協力」と「非協力」であり、利得は下の利得行列のようになる。

　なお、このように2人の個体（ないしはプレーヤー）が同じ戦略の集合（この場合は「協力」と「非協力」）を持ち、2人の利得構造が対称となっているゲーム、言い換えれば、2人を入れ替えても戦略集合も利得構造も変わらないゲームのことを**対称ゲーム**と呼ぶ。今まで紹介してきた戦略形のチキンゲームも調整ゲームも対称ゲームである。今後はこのような対称ゲームを前提とする。

　まず「協力」が進化的安定戦略かどうかを検討しよう。このモデルでは2つの純粋戦略しか想定していないから、「非協力」を持った個体がこの社会に入り込むことができるかどうかをチェックすればよい。

　さて、すべての個体が「協力」を持っている社会に、εの割合で「非協力」を持つ個体が入ってきたとしよう。そのとき、「協力」を

囚人のジレンマゲームの利得行列

		B	
		協力	非協力
A	協力	3, 3	1, 4
	非協力	4, 1	2, 2

持つ個体の期待利得 E_C と「非協力」を持つ個体の期待利得 E_D は次のようになる。

$$E_C = 3 \times (1-\varepsilon) + 1 \times \varepsilon = 3 - 2\varepsilon$$
$$E_D = 4 \times (1-\varepsilon) + 2 \times \varepsilon = 4 - 2\varepsilon$$

ここで $E_D - E_C = 4 - 2\varepsilon - 3 + 2\varepsilon = 1$ である。E_D の方が E_C よりも大きいので、「非協力」戦略を持つ個体はこの社会に侵入できる。したがって、「協力」は進化的安定戦略ではない。

次に「非協力」が進化的安定戦略かどうかを調べよう。ε の割合で「協力」を持つ個体が入ってきたとき、E_C と E_D は次のようになる。

$$E_C = 3 \times \varepsilon + 1 \times (1-\varepsilon) = 2\varepsilon + 1$$
$$E_D = 4 \times \varepsilon + 2 \times (1-\varepsilon) = 2\varepsilon + 2$$

ここで $E_D - E_C = 2\varepsilon + 2 - 2\varepsilon - 1 = 1$ なので、「協力」戦略を持つ個体はこの社会に侵入できない。したがって「非協力」は進化的安定戦略である。

ここで元の囚人のジレンマゲームのナッシュ均衡が（非協力，非協力）だったことを思い出そう。この例では、ナッシュ均衡を構成する戦略が進化的安定戦略と一致している。

次に、第4項でナッシュ均衡を求めた調整ゲームを用いた進化ゲームを検討しよう。この調整ゲームのナッシュ均衡は、（左，左）、（右，右）、（Aが1/3で左を選ぶ，Bが1/3で左を選ぶ）だった。混合戦略まで視野を広げて、これらのナッシュ均衡と進化的安定戦略

との関係を見てみよう。

まず「左」をとる個体が社会を占めているとしよう。ここに「左」を選ぶ確率がp、「右」を選ぶ確率が$1-p$の混合戦略を持つ個体が入ってきたとしよう（この戦略を$(p, 1-p)$と表記することにしよう）。pは0から1までの値をとるので、すべての戦略を表すことができる。

さて、このときの「左」をとる個体の期待利得を計算しよう。他の「左」をとる個体に出会う確率は$1-\varepsilon$で、そのときの利得は2である。戦略$(p, 1-p)$をとる個体と出会う確率はεで、そのときの利得は$2p+0\times(1-p)=2p$である。したがって「左」をとる個体の期待利得は次のようになる。

$$E(左) = 2(1-\varepsilon) + 2p\varepsilon = 2\varepsilon p + 2 - 2\varepsilon \quad (1)$$

一方、戦略$(p, 1-p)$をとる個体が「左」をとる個体と出会う確率は$1-\varepsilon$で、そのときの利得は$2p+0\times(1-p)=2p$である。また$(p, 1-p)$をとる個体と出会う確率はεで、そのときの利得は$2p^2+0\times p(1-p)+0\times(1-p)p+1\times(1-p)(1-p)=3p^2-2p+1$である。したがって戦略$(p, 1-p)$をとる個体の期待利得は次のようになる。

$$\begin{aligned}E(p, 1-p) &= 2p(1-\varepsilon) + (3p^2-2p+1)\varepsilon \\ &= 3\varepsilon p^2 + (2-4\varepsilon)p + \varepsilon\end{aligned} \quad (2)$$

(1)式から(2)式を引いて、pの関数として表すと、

$$E(左) - E(p, 1-p) = 2\varepsilon p + 2 - 2\varepsilon - 3\varepsilon p^2 - (2-4\varepsilon)p - \varepsilon$$

調整ゲームの利得行列

		B 左	B 右
A 左		2, 2	0, 0
A 右		0, 0	1, 1

$$= -3\varepsilon p^2 + (6\varepsilon - 2)p + 2 - 3\varepsilon$$

となる。このpの2次関数は、$p=0$のとき$2-3\varepsilon$、$p=1$のとき 0 である。εは十分に小さな値なので、$2-3\varepsilon$は正である。また$p=1$は「左」戦略そのものだが、ここでは「左」戦略とは異なる戦略を想定しているので、pの値は1よりも小さいとしよう。すると、上に凸の2次関数の特性から、$0\leq p<1$の範囲でこの関数の値は正である。つまり「左」は進化的安定戦略である。

同様に、「右」をとる個体が社会を占めているときに、戦略$(p, 1-p)$が侵入可能かどうか検討しよう。まず「右」をとる個体の期待利得を計算しよう。戦略$(p, 1-p)$をとる個体と出会ったときの利得は$0\times p + 1\times(1-p) = 1-p$なので、「右」をとる個体の期待利得は次のようになる。

$$E(右) = 1\times(1-\varepsilon) + (1-p)\varepsilon = 1-\varepsilon p \qquad (3)$$

次に、戦略$(p, 1-p)$をとる個体の期待利得を計算しよう。この戦略をとる個体が「右」をとる個体と出会う確率は$1-\varepsilon$で、そのときの期待利得は、$0\times p + 1\times(1-p) = 1-p$である。また同じ戦略$(p, 1-p)$をとる個体をとる個体と出会う確率は$\varepsilon$で、そのときの期待利得は$2p^2 + 0\times p(1-p) + 0\times(1-p)p + 1\times(1-p)(1-p) = 3p^2 - 2p + 1$である。したがって戦略$(p, 1-p)$をとる個体の期待利得は次のようになる。

$$\begin{aligned}E(p, 1-p) &= (1-p)(1-\varepsilon) + (3p^2 - 2p + 1)\varepsilon \\ &= 3\varepsilon p^2 - (1+\varepsilon)p + 1\end{aligned} \qquad (4)$$

(3)式から(4)式を引くと、

$$E(右) - E(p, 1-p) = 1 - \varepsilon p - 3\varepsilon p^2 + (1+\varepsilon)p - 1$$
$$= -3\varepsilon p^2 + p \tag{5}$$

となる。$p=0$ のときこの式の値は 0 だが、$p=0$ は「右」戦略そのものである。ここでは「右」戦略とは異なる戦略を考えているので、p の値は 0 よりも大きいと考えよう。また、$p=1$ のとき(5)式の値は $1-3\varepsilon$ である。ε は十分に小さい値なので、この値は正である。したがって、上に凸の2次関数の特性から、$0 < p \leq 1$ の範囲で(5)式は正である。つまり「右」戦略は進化的安定戦略である。

最後に、調整ゲームの混合戦略ナッシュ均衡(Aが1/3で左を選ぶ、Bが1/3で左を選ぶ)を構成する戦略 (1/3, 2/3) が進化的安定戦略か否かをチェックしよう。ある戦略プロファイルがナッシュ均衡か否かチェックする場合と同様に、この戦略とは異なる戦略が1つでも侵入可能ならば、この戦略は進化的安定戦略ではない。そこで「左」をとる個体が侵入可能かどうか見てみよう。

戦略 (1/3, 2/3) をとる個体が自分と同じ戦略を持つ個体と出会う確率は $1-\varepsilon$ であり、そのときの期待利得は $\frac{1}{3} \times \frac{1}{3} \times 2 + \frac{1}{3} \times \frac{2}{3} \times 0 + \frac{2}{3} \times \frac{1}{3} \times 0 + \frac{2}{3} \times \frac{2}{3} \times 1 = \frac{2}{3}$ となる。また「左」をとる個体と出会う確率は ε であり、そのときの期待利得は $\frac{1}{3} \times 2 + \frac{2}{3} \times 0 = \frac{2}{3}$ である。したがって戦略 (1/3, 2/3) をとる個体の期待利得は次のようになる。

$$E(1/3, 2/3) = \frac{2}{3}(1-\varepsilon) + \frac{2}{3}\varepsilon = \frac{2}{3} \tag{6}$$

次に「左」をとる個体の期待利得を計算しよう。戦略（1/3, 2/3）をとる個体と出会う確率は $1-\varepsilon$ であり、そのときの利得は $\frac{1}{3} \times 2 + \frac{2}{3} \times 0 = \frac{2}{3}$ である。自分と同じ「左」をとる個体と出会う確率は ε であり、そのときの利得 2 である。したがって「左」をとる個体の期待利得は次のようになる。

$$E(左) = \frac{2}{3}(1-\varepsilon) + 2\varepsilon = \frac{2+4\varepsilon}{3} \tag{7}$$

(6)式から(7)式を引くと、次のようになる。

$$E(1/3, 2/3) - E(左) = \frac{2}{3} - \frac{2+4\varepsilon}{3} = -\frac{4\varepsilon}{3}$$

この値は負なので、「左」をとる個体の期待利得の方が戦略（1/3, 2/3）をとる個体のそれよりも大きい。したがって「左」をとる個体は侵入可能であり、戦略（1/3, 2/3）は進化的に安定ではない。

以上の分析をまとめよう。調整ゲームのナッシュ均衡は（左, 左）、（右, 右）、（Aが1/3で左を選ぶ, Bが1/3で左を選ぶ）である。これらのうち、「左」と「右」は進化的安定戦略だが、（1/3, 2/3）はそうではない。このようにナッシュ均衡を構成する戦略は、必ずしも進化的安定戦略であるわけではない。

ただ**狭義ナッシュ均衡**を構成する戦略は進化的安定戦略である[*1]。ここで言う狭義ナッシュ均衡とは、ナッシュ均衡の中でも、各プレーヤーの均衡戦略が唯一の最適反応になっている均衡である。ナッ

[*1] 狭義ナッシュ均衡、ナッシュ均衡、進化的安定戦略の関係については、石原英樹・金井雅之, 2002『進化的意思決定』朝倉書店, 154-155 に詳しく説明されている。

シュ均衡の定義を思い出そう。「他のプレーヤーが戦略を変えないとして、自分だけが戦略を変えると利得は変わらないか減少する」ということがすべてのプレーヤーに当てはまる戦略プロファイルがナッシュ均衡である。この定義の中で「自分だけが戦略を変えると利得は減少する」と読み替えたものが狭義ナッシュ均衡である。調整ゲームでは（左，左）と（右，右）が狭義ナッシュ均衡である。しかし（Aが1/3で左を選ぶ，Bが1/3で左を選ぶ）はそうではない。なぜなら、Bがこの均衡戦略をとっているとき、Aはいかなる戦略の混合化を行おうとも利得は2/3で変わらないからである。

　以上の議論をまとめよう。ある戦略が進化的安定戦略ならば、その戦略からなるプロファイルはナッシュ均衡である。また、ある戦略プロファイルが狭義ナッシュ均衡ならば、それを構成する戦略は進化的安定戦略である。

　最後に、進化的安定戦略の問題点について述べておこう。これはナッシュ均衡と同じ問題点である。つまり進化的安定戦略概念は、それが存在するとすればいかなる性質を持っているのかについて述べているが、どのようにしてその戦略が社会全体を占めるようになったのかは述べていない。この意味で静的な概念である。この問題を解決するためには、進化の動的過程のモデルが必要になる。その代表的なものとしてレプリケーター・ダイナミクスがある。次項ではこのモデルについて解説する。

24 レプリケーター・ダイナミクス

——自己複製子の世代変化

　本項では、進化ゲーム理論の動的モデルである**レプリケーター・ダイナミクス**の解説をする。レプリケーター（replicator）というのは自己複製子のことである。この名前が示唆するように、レプリケーター・ダイナミクスはもともとは、自己複製子が世代を経て増えたり減ったりする過程を扱ったものである。進化ゲーム理論では、戦略を持った個体の割合の時間的変化を記述するのに適したモデルである。

　レプリケーター・ダイナミクスの発想は大変単純である。社会全体の期待利得よりも高い期待利得を得る戦略を持った個体は増えていき、社会全体の期待利得よりも低い期待利得を得る戦略を持った個体は減っていく、というものである。この変化は自然選択による世代変化過程を表現している。適応度（期待利得）の高い個体は自分と同じ遺伝子を持った子孫をより多く残せるという過程である。

　前項で検討した調整ゲームを例にとって、レプリケーター・ダイナミクスの考えを説明しよう。ここでは時間 t における「左」をとる個体の割合を p として、それの増減に着目しよう。レプリケーター・ダイナミクスにしたがえば、この p の瞬間的な変化率 dp/dt は次のように表される。

$$\frac{dp}{dt} = (\text{「左」をとる個体の期待利得} - \text{社会全体の期待利得})$$
$$\times (\text{「左」をとる個体の割合}) \qquad (1)$$

　この式は微分方程式と呼ばれる方程式で、左辺の微分係数 dp/dt ——「左」をとる個体の割合の瞬間的な変化率——が右辺の変数によって規定されることを示している。右辺の（「左」をとる個体の期待利得 − 社会全体の期待利得）は、先に触れたことを厳密に記述したものである。「左」をとる個体の期待利得が社会全体の期待利得よりも大きいほど、「左」をとる個体の割合が増加する速度は速くなる。逆に、「左」をとる個体の期待利得が社会全体の期待利得よりも小さいほど、（微分係数がマイナスなので）「左」をとる個体の割合が減少する速度は速くなる。また右辺のもう１つの項である（「左」をとる個体の割合）が大きいほど、「左」をとる個体の割合の変化速度は速くなる。

　ここで具体的な数値を入れて、(1)式が表す過程の具体的イメージを見てみることにしよう。まず右辺の（「左」をとる個体の割合）は p そのものである。「左」をとる個体の期待利得は、「左」をとる個体と「右」をとる個体の割合がそれぞれ p と $1-p$ なので、$2p + 0 \times (1-p) = 2p$ である。社会全体の期待利得は、「左」をとる個体の期待利得と「右」をとる個体の期待利得を計算し、それぞれの個体の割合をそれらにかけて足せばよい。「右」をとる個体の期待利得は $0 \times p + 1 \times (1-p) = 1-p$ なので、社会全体の期待利得は $2p \times p + (1-p)(1-p) = 3p^2 - 2p + 1$ となる。

調整ゲームの利得行列

		B 左	B 右
A	左	2, 2	0, 0
A	右	0, 0	1, 1

したがって(1)式は次のようになる。

$$\frac{dp}{dt} = (2p - (3p^2 - 2p + 1))p = (-3p^2 + 4p - 1)p \quad (2)$$

具体的な数値を(2)式に入れて、イメージをつかもう。たとえばpが0.1のときはどうなるだろうか。この値を(2)式の右辺のpに代入すれば、この式は-0.063となる。この分だけ瞬間的に「左」をとる個体の割合は減少するので、次の時点では「左」をとる個体の割合$0.1-0.063=0.037$となる。この値を(2)式に代入すると、式の値は-0.03168となり、次の時点で「左」をとる個体の割合は$0.037-0.03168=0.00532$とさらに減少する。このように計算を進めていくと、下の表ができる。表から分かるように、もう5世代目で「左」をとる個体の割合は0になっている。

このように「左」をとる個体の割合が減っていくのは、初めの割合が0.1と小さかったからではないか、という疑問が生じる。そこで今度は$p=0.4$から始めてみよう。今度は、「左」をとる個体の割合はだんだん増加していき、第6世代で1に到達する[*1]。つまり第

「左」をとる個体の割合の時間的変化（初期値0.1）

世代	「左」を取る個体の割合 p	瞬間変化率 dp/dt
1	0.10000	−0.06300
2	0.03700	−0.03168
3	0.00532	−0.00521
4	0.00011	−0.00011
5	0.00000	0.00000
6	0.00000	0.00000
7	0.00000	0.00000
8	0.00000	0.00000
9	0.00000	0.00000
10	0.00000	0.00000

[*1] 実際には、第6世代で「左」をとる個体の割合が1を越えてしまう。これは、微分方程式の(2)式に無理に1世代ごとの変化を追跡させたためである。

6世代以降は「左」をとる個体の割合は1である(下表)。

それでは、「左」をとる個体の割合が時間的に変化しないのは p がいかなる値をとるときだろうか。(2)式を変形すると次のようになる。

$$\frac{dp}{dt} = (-3p^2+4p-1)p = (-3p+1)(p-1)p \qquad (3)$$

この式が0のとき、微分係数 dp/dt は0になる。この微分係数は「左」をとる個体の割合 p の瞬間的な変化を表しているので、それが0ということは、この割合が時間的に変化しないことを意味する。(3)式から分かるように、それは p が0、1/3、1のときに起こる。このとき、「左」をとる個体の割合は時間的に変化しない。これは一種の均衡であり、数学的には不動点と呼ばれる。ただし不動点であるというだけでは、ナッシュ均衡のような「安定」な均衡かどうか分からない。ナッシュ均衡の定義をもう一度思い出そう。ナッシュ均衡とは、「他のプレーヤーの戦略はそのままとして、あるプレーヤーだけが戦略を変更すると、その利得が減るか変化しない」ということがすべてのプレーヤーに当てはまる、という戦略プロファイルのことだった。この定義には、あるプレーヤーが何らかの要因で戦略を変えても元の戦略に戻る、という含意がある。進化ゲーム理論では、この「何らかの要因」として、突然変異や外部からの侵

「左」をとる個体の割合の時間的変化 (初期値0.4)

世代	「左」を取る個体の割合 p	瞬間変化率 dp/dt
1	0.40000	0.04800
2	0.44800	0.08507
3	0.53307	0.14915
4	0.68222	0.22691
5	0.90913	0.14271
6	1	0
7	1	0
8	1	0
9	1	0

入を想定する。先に求めた不動点が突然変異や外部からの侵入に対して安定的ならば、ナッシュ均衡と同じ解釈ができる。たとえば $p=1$ の社会では、「左」をとる個体の割合は1であり、「左」をとる個体が社会全体を占めている。この状態が安定かどうかを見るためには、(p の値は1より大きくなりえないので) p の値が少しだけ小さくなった状況を想定する。これは、突然変異によって「左」をとっていた個体のごく一部が「右」をとるようになる状況や外部から少数の「右」をとる個体が侵入してくる状況を意味する。もし p の値が時間とともに元の1の値に戻るならば、この不動点は安定である。このような安定な不動点のことを、**漸近安定均衡**とか**進化的均衡**と呼ぶ。

3つの不動点 $p=1$、$p=0$、$p=1/3$ が漸近安定均衡かどうか検討しよう。このためには、**位相図**というものを書くと分かりやすい。位相図を描くためには(3)式を用いる。具体的な dp/dt の値は必要ない。正負の符号が重要である。これは下の表のようになる。

この表にしたがって位相図を描くと下の図のようになる。

(3)式にしたがった dp/dt の符号

p の値	$p=0$	$0<p<1/3$	$p=1/3$	$1/3<p<1$	$p=1$
dp/dt の符号	0	負	0	正	0

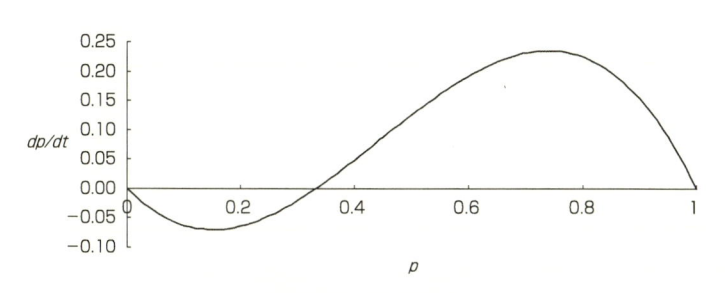

調整ゲームの位相図

位相図とは、横軸に p、縦軸に dp/dt をとったグラフである。ある p の値に対して縦軸の dp/dt の値が正ならば、p が増加する状態にあることが分かる。逆に dp/dt の値が負ならば、p が減少する状態にあり、dp/dt の値が 0 ならば、不動点である。位相図で不動点近辺の dp/dt の正負を見ることで、その不動点が漸近安定均衡かどうか判断できる。

　この位相図を用いて、3つの不動点の漸近安定性をチェックしよう。まず $p=1$ の不動点を見てみよう。p の値が 1 よりもわずかに小さくなると、dp/dt の符号は正になる。このことは、p の値が増加することを意味する。したがって、時間が経つにつれて p の値は 1 に戻るので、この不動点は漸近安定均衡である。

　次に $p=0$ の不動点を見てみよう。p の値が少し大きくなると、dp/dt の符号は負になるので、p の値は減少する。したがって、時間が経つにつれて p の値は 0 に戻るので、この不動点も漸近安定均衡である。

　$p=1/3$ の不動点はどうだろうか。p が $1/3$ よりも大きくなると、dp/dt の符号は正になるので p の値は大きくなり、$1/3$ から遠ざかっていく。そして最終的には別の不動点 $p=1$ に収束する。一方、p が $1/3$ よりも小さくなると、dp/dt の符号は負になる。したがって p の値は小さくなり、やはり $1/3$ から遠ざかっていき、不動点 $p=0$ に収束する。結局、$p=1/3$ の不動点は漸近安定均衡ではない。

　以上の分析から、社会が p のどの値から始まるかで、どの状態に落ち着くのかが分かる。p の初期値が 0 から $1/3$ の間にある場合、社会は $p=0$、すなわち「右」をとる個体ばかりの状態に収束

する。一方、pの初期値が$1/3$から1の間にある場合には、社会は$p=1$、すなわち「左」をとる個体ばかりの状態に収束する。pの初期値が$1/3$のときは、そのままだが、ちょっとした「揺らぎ」によって、pが0ないしは1の状態に収束していく。

さて、このように求めた漸近安定均衡は進化的安定戦略と深い関係にある。今までの分析から分かるように、ある戦略Xが進化的安定戦略ならば、戦略Xが社会全体を占めている状態は漸近安定均衡である。X以外の戦略Yが社会の中に侵入しようとしても、レプリケーター・ダイナミクスにしたがってYの割合は0に収束していく[*2]。以上は1つの例にすぎないが、レプリケーター・ダイナミクスを用いることで、進化的安定戦略が社会の中に広がっていく過程を理解できる。

[*2] ただし、漸近安定均衡ならば、その均衡を構成する戦略が進化的安定戦略であるとは限らないことに注意しよう。

25 確率進化ゲーム理論

――「揺らぎ」を考慮したモデル

　今まで調整ゲームを対象にして進化的安定戦略とレプリケーター・ダイナミクスの漸近安定均衡を見てきた。進化的安定戦略は「左」と「右」の2つ、漸近安定均衡は「すべての個体が『左』をとる」と「すべての個体が『右』をとる」の2つだった。これらは調整ゲームの狭義ナッシュ均衡（左，左）と（右，右）に対応している。

　さて、調整ゲームの利得行列を見ると、（左，左）のナッシュ均衡は（右，右）のナッシュ均衡からパレート改善されている。合理的なプレーヤーならば、前者を選ぶだろう。しかし前にも述べたように、ナッシュ均衡の定義では、どちらが実現するか分からない。進化的安定戦略概念を用いても、どちらが生じやすいか分からない。レプリケーター・ダイナミクスの場合は初期値による。「左」をとる個体の割合が 1/3 よりも大きければ、すべての個体が「左」をとる状態に収束する。この割合が 1/3 よりも小さければ、すべての個体が「右」をとる状態に収束する。この割合が 1/3 のときは、その状態にとどまりうるが、わずかな揺らぎによりどちらかの漸近安定均衡に収束する。初期値の範囲は前者の漸近安定均衡の方が後者よ

りも2倍大きいので、よほど初期値の分布が0から1/3の間に偏っていないならば、システムは前者の漸近安定均衡に収束しやすいと言える。この点で、レプリケーター・ダイナミクスは、ナッシュ均衡（左，左）が生じやすいことを進化論的に説明することができる。

しかしながら、初期値が0と1/3の間では、社会は「すべての個体が『左』をとる」という漸近安定均衡に収束しない。いかなる初期値でもこの漸近安定均衡に収束するとは言えない。この点が、レプリケーター・ダイナミクスの弱いところである。

この問題を解決し、いかなる初期値からでも社会が「すべての個体が『左』をとる」状態に落ち着くことを示すために、本項では**確率進化ゲーム**を用いた分析を行う。このゲームにはいくつかのバリエーションがあるが、ここでは比較的単純な仮定から興味深い定理を導き出している神取道宏たちのモデルを紹介しよう[*1]。単純化して言えば、彼らのモデルは、常に突然変異のような**揺らぎ**（エラー、ノイズ）が存在する最適反応モデルである。前項で解説したレプリケーター・ダイナミクスは決定論的なモデルで、揺らぎは存在しないことを仮定していた。そして不動点が漸近安定均衡か否かをチェックするときにのみ、揺らぎの影響を調べた。これに対して神取らの確率進化ゲームでは、個体が常に間違える可能性を持っていると仮定する。

さて、社会の中にN人の個体がいるとしよう。これらのうち何人が「左」戦略をとっているかで社会の「状態」が決まる。つまり社会の状態は、1人も「左」をとっていない「0」という状態から、1人だけ「左」をとっている「1」という状態、2人だけ「左」を

調整ゲームの利得行列

		B	
		左	右
A	左	2, 2	0, 0
	右	0, 0	1, 1

とっている「2」という状態、……、全員が「左」をとっている「N」という状態まで、全部で$N+1$個の状態がある。前項のレプリケーター・ダイナミクスでは、初期の状態が「$N/3$」よりも大きければ[*2]、状態「N」に収束し、初期の状態が「$N/3$」よりも小さければ[*3]、状態「0」に収束することが示された。初期状態に関係なく、社会の状態が「N」に収束すれば、先に述べた問題は解決する。

しかし個体の最適反応を仮定するだけでは、この問題は解決しない。状態が「z」のときに「左」をとっている個体の期待利得を計算しよう。そのとき、その個体以外の個体数は、$N-1$、その個体以外に「左」をとっている個体数は$z-1$、「右」をとっている個体数は$N-z$である。(進化的安定戦略のときの計算とは異なり、きちんと当該個体の分を個体数の計算に入れていることに注意しよう。)したがって、この個体が「左」をとっている個体と出会う確率は$\frac{z-1}{N-1}$、「右」をとっている個体と出会う確率は$\frac{N-z}{N-1}$である。「左」をとっている個体と出会った場合の利得は2、「右」をとっている個体と出会った場合の利得は0なので、「左」をとっている個体の期待利得は次のようになる。

$$E_{左}(z) = \frac{z-1}{N-1} \times 2 + \frac{N-z}{N-1} \times 0 = \frac{2(z-1)}{N-1} \quad (1)$$

「左」と「右」をとっている個体数に注意すれば、「右」をとっ

---

* 1 神取道宏らの論文 Michihiro Kandori, George J. Mailath, and Rafael Rob, 1993, "Learning, Mutation, and Long Run Equilibria in Games," *Econometrica*, 61 : 29-56 と Peyton H. Young, 1993, "The Evolution of Conventions," *Econometorica*, 61 : 57-84 が確率進化ゲーム理論の出発点である。また確率進化ゲーム理論の比較的分かりやすい解説として、丸田利昌、1999「進化ゲーム」、『数理科学』No. 437, 56-65 がある。
* 2 正確には$N/3$よりも大きく、$N/3$にもっとも近い整数ということになる。たとえばNが100ならば、状態「34」以上である。
* 3 正確には$N/3$よりも小さく、$N/3$にもっとも近い整数ということになる。たとえばNが100ならば、状態「33」以下である。

ている個体の期待利得も同様に計算できる。状態が「z」のときに、「左」をとっている個体数はz、その個体以外に「右」をとっている個体数は$N-z-1$である。したがって「右」をとっている個体の期待利得は次のようになる。

$$E_{右}(z) = \frac{z}{N-1} \times 0 + \frac{N-z-1}{N-1} \times 1 = \frac{N-z-1}{N-1} \tag{2}$$

そして(1)式から(2)式を引くと、次のようになる。

$$E_{左}(z) - E_{右}(z) = \frac{2(z-1)}{N-1} - \frac{N-z-1}{N-1} = \frac{3z-N-1}{N-1} \tag{3}$$

この式が正ならば、すなわち

$$\frac{3z-N-1}{N-1} > 0$$

$$3z-N-1 > 0$$

$$z > \frac{N+1}{3}$$

ならば、「左」をとっている個体はそのまま「左」をとり、「右」をとっている個体は「左」をとるようになる。したがって全員が「左」をとる状態が実現する。

Nが3の倍数か否かでちょっとした場合わけをする必要があるが、$N/3$が分岐点となっていることには変わりない。zが$N/3$よりも大

きければ全員が「左」を選び、小さければ全員が「右」を選ぶ。

この問題を解決するために導入されたのが**揺らぎ**である。もし個体が突然変異や選択ミスなどによって最適反応をしないならば、どうなるだろうか。もちろんこのようなことが起こる確率は小さい。しかしそのことが長期にわたって継続するならば、揺らぎの蓄積によって状態「0」から分岐点 $N/3$ を越えるジャンプが生じて、状態「N」の実現する可能性は高くなるのではないか。これが確率進化ゲーム理論の基本的な発想である。

この発想を具体的にモデル化し分析するために、**マルコフ連鎖**の考えを適用する。マルコフ連鎖とは、ある時点の状態の確率分布が1時点前の状態の確率分布にのみ依存すると仮定し、両者を推移確率行列というもので結びつけた動的モデルである[*4]。具体例で説明しよう。神取らは6人の個体からなる社会の例をあげているので、ここでもそれにしたがって6人の社会を考えよう。この場合、状態は「0」、「1」、「2」、「3」、「4」、「5」、「6」の7つである。

まずは揺らぎがない状況を想定しよう。時点 t における状態が「0」または「1」または「2」の場合、先の最適反応にしたがって、時点 $t+1$ では状態は「0」になる。一方、時点 t における状態が「3」または「4」または「5」または「6」の場合は、時点 $t+1$ では状態は「6」になる。時点 t における状態「i」の生起確率を $q_{i,t}$ とすれば、このマルコフ連鎖は次のように表される。

[*4] これはかなり簡略化したマルコフ連鎖の定義である。より詳細な定義やマルコフ連鎖の特性については確率過程やマルコフ過程の教科書を参照されたい。

$$(q_{0,t+1} \quad q_{1,t+1} \quad q_{2,t+1} \quad q_{3,t+1} \quad q_{4,t+1} \quad q_{5,t+1} \quad q_{6,t+1})$$

$$= (q_{0,t} \quad q_{1,t} \quad q_{2,t} \quad q_{3,t} \quad q_{4,t} \quad q_{5,t} \quad q_{6,t}) \begin{pmatrix} 1 & 0 & 0 & 0 & 0 & 0 & 0 \\ 1 & 0 & 0 & 0 & 0 & 0 & 0 \\ 1 & 0 & 0 & 0 & 0 & 0 & 0 \\ 0 & 0 & 0 & 0 & 0 & 0 & 1 \\ 0 & 0 & 0 & 0 & 0 & 0 & 1 \\ 0 & 0 & 0 & 0 & 0 & 0 & 1 \\ 0 & 0 & 0 & 0 & 0 & 0 & 1 \end{pmatrix} \quad (4)$$

たとえば状態「2」が実現しているとき、この状態が確率1で生じていて、他の状態の生起確率は0である。このことは(4)式の右辺のベクトルが (0 0 1 0 0 0 0) となっていることを意味する。このベクトルに推移確率行列をかけると、左辺のベクトルは (1 0 0 0 0 0 0) となり、時点 $t+1$ では状態「0」が実現する。また状態「5」が実現している場合は、(4)式の右辺のベクトルは (0 0 0 0 0 1 0) であり、左辺のベクトルは (0 0 0 0 0 0 1) となる。つまり時点 $t+1$ では状態「6」が実現する。

いったんシステムが (1 0 0 0 0 0 0) や (0 0 0 0 0 0 1) に到達すると、その後はずっとこの確率分布が続く。この確率分布のことを**定常分布**と呼ぶ。これは、レプリケーター・ダイナミクスの漸近安定均衡と類似した概念である。

この過程に揺らぎを導入しよう。先に述べた突然変異や選択ミスを1人の個体が引き起こす確率を ε とする。もちろん、時点 t から時点 $t+1$ までに揺らぎが生じるのは1人の個体に限らない。k 人の個体に揺らぎが生じるならば、(揺らぎ発生が個体間で独立に生

じると想定しているので）その確率はε^kである。

このような揺らぎが発生することで、(4)式の推移確率行列の1は1よりも小さくなり、0は0よりも大きくなる。そして、このことから得られるマルコフ連鎖に関するいくつかの特性を用いて、神取らは次の定理を証明した[*5]。

$N \geq 2$とする。εを0に近づけたとき、定常分布は状態「N」に確率1を割り当てるように収束する。

つまり揺らぎの発生確率が0に近づけば近づくほど、状態「N」は生じやすくなり、他の状態は起こりにくくなる。しかも定常分布は、社会が各状態にとどまる時間の割合であると解釈できるので、このことは状態「N」がほとんどの時間生じていることを意味する。それゆえこの状態は**長期的均衡**と呼ばれる。

なぜ揺らぎを導入することで、このような均衡選択が可能になるのだろうか。神取らがあげている例を用いて解説しよう。下の図1は、今まで考えてきた7つの状態間の移行過程を表している。ここでは揺らぎを想定せず、最適反応による移行のみを考えている。このため、システムは状態「0」か状態「6」に収束する。

図2は状態「0」から状態「3」へ揺らぎによってジャンプする状況を表している。このジャンプを実現するためには、3人の個体

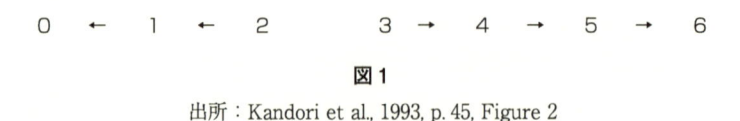

0 ← 1 ← 2   3 → 4 → 5 → 6

図1

出所：Kandori et al., 1993, p. 45, Figure 2

0 ← 1 ← 2　　3 → 4 → 5 → 6

図2

出所：Kandori et al., 1993, p. 45, Figure 3 を改変

が突然変異や選択ミスをすればよい。1人の個体が突然変異や選択ミスをする確率は ε である。その後に、ある確率で「左」を選ぶ。このことが3人に起こるので、その確率は $A\varepsilon^3$ である。ただし A はその3人が「左」を選ぶ確率を表す適当な数である[*6]。

　図3は、状態「0」から状態「2」を経由して状態「3」に到る状況である。この場合、まず2人の個体が突然変異や選択ミスをすることで、状態「0」から状態「2」にジャンプする。次に状態「2」から状態「3」にジャンプするためには、1人の個体の突然変異や選択ミスだけでは不十分である。なぜなら、もう1人の個体は最適反応をして「右」を選ぶので、突然変異や選択ミスをした個体が「左」を選んでも、状態は「2」にとどまる。もしその個体が「右」を選んだら、状態は「0」に戻ってしまう。このため、状態「3」に移行するためには、2人の個体が突然変異や選択ミスをする必要がある。したがって、合計で4回の突然変異や選択ミスが必要で、その確率は $B\varepsilon^4$ となる。ただし B はこの2人の個体が合計4回「左」を選ぶ確率を表す適当な数である。

　ε は非常に小さい数なので、$B\varepsilon^4$ は $A\varepsilon^3$ よりも桁違いに起こりにくい。つまり途中の状態を経過して状態「3」にジャンプする確率よりも、状態「0」から直接ジャンプする確率の方が高い。

　一方、状態「6」から状態「2」にジャンプするならば、その後は最適反応によって状態「0」に到る。その確率は、状態「6」で4人の個体が突然変異や選択ミスをすればよいので、$C\varepsilon^4$ である。ただし C はこの4人の個体が「右」を選ぶ確率を表す適当な数である。先に述べたのと同じことで、$C\varepsilon^4$ は $A\varepsilon^3$ よりも桁違いに小

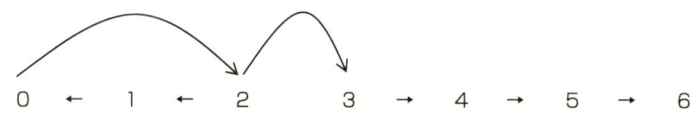

0 ← 1 ← 2　　3 → 4 → 5 → 6

図3

出所：Kandori et al., 1993, p. 45, Figure 4 を改変

さい。後者を前者で割ると、$\dfrac{A}{C\varepsilon}$となる。ここでεを0に近づけると、この値は無限大になる。つまり状態「6」から状態「2」に移ることは状態「0」から状態「3」に移ることに比べてほとんど起こらない。したがって、システムはほとんどの時間、状態「6」にとどまることになる。

　このように突然変異や選択ミスのような揺らぎを導入することで、いかなる初期状態から出発しても、社会はすべての個体が「左」を選択する状態にほとんどの時間とどまることが分かった。これで、レプリケーター・ダイナミクスでは解決できなかった問題を解決することができた。確率進化ゲーム理論は、このように複数均衡問題の解決に有効な理論である。

＊5　神取道宏らの証明した定理は調整ゲーム一般に適用できるものである。ここでは、本項で扱っている特殊な調整ゲームに適用した定理を述べている。
＊6　より厳密に考えるならば、Aの中に状態「0」にいる個体の中のどの3人が揺らぎを受けるかという組み合わせの数も入ってくる。しかし有限の値なので、結論は変わらない。

26 ゲーム理論の効用と応用

——複雑な現実をモデル化する

　前項まででゲーム理論そのものの解説は終わりである。もちろん、ゲーム理論にはさらにいろいろな展開があるが、基本的なところは押さえたつもりである。しかし読者の中には、「このような単純なモデルで複雑な現実を分析できるのだろうか」という疑問を持たれた方もいるだろう。本書の最後となるこの項では、単純な**モデル**によって思考することが複雑な現実を理解したり説明したりするために重要であることを解説する。

　囚人のジレンマゲームを例にとろう。確かにこのゲームは単純である。現実には、取調官と銀行強盗との間でさまざまなやり取りがなされるだろうし、強盗同士の間の友情も考えられる。しかしこのゲームは単純であるがゆえに、結局自分が不利になるのに非協力行動をとってしまうメカニズムを的確にあぶりだしている。それゆえに、多くの研究者の関心を引いてきた。

　複雑な現実の中から研究の対象となる要因を抽出して理論やモデルを構築することは、ゲーム理論に限らず科学の作業としてたいへん重要なことである。複雑な現実を複雑なまま考察することは、不可能だし意味がない。たとえば「日本社会の研究」というテーマが与えられたとき、どのように研究すればよいのだろうか。日本社会

にはさまざまな側面があり、さまざまな現象が同時多発的に生じている。それを丸ごと研究することなど不可能である。しかし「日本社会では経済格差が広がっているかどうか。もし広がっているのならば、その理由は何か」という焦点を絞った問いに対しては、所得のジニ係数[*1]の変化を見たり、その変化をもたらす要因について考察をしたりすることで、解答を与えることができる。ジニ係数という1つの指数の背景には、実に多くの人々のさまざまな経済活動がある。しかしそれらの経済活動1つ1つを見ていっても経済格差が広がっているかどうかは分からない。ジニ係数というとても単純な指数を用いることによって、このことが分かる。

　もちろん単純なモデルですべての現実を説明できるわけではない。必要に応じてモデルを複雑にする必要はある。しかしここで注意すべきことは、必要以上に複雑にしないことである。コンピュータシミュレーションを用いた研究分野では、シミュレーションのプログラムを作成するための基本方針として、**KISS原理**という考え方が用いられている。もともとは軍隊用語のようで、"Keep It Simple, Stupid"（簡潔に言え、ばかもの）の頭文字をとったものである。戦場のように緊迫した状況で部下が上官に状況をありのままに報告していては時間がかかり過ぎて危険である。状況に関するもっとも重要な情報を簡潔に報告する必要がある。ゲーム理論に限らず、科学の理論やモデルの構築をするさいにも、このKISS原理を適用して、必要にして十分な理論やモデルを構築しなければならない。

　それでは、どのようにしてそのようなモデルを構築することができるのだろうか。正解はない。複雑な現実から重要な要因やメカニ

[*1] ジニ係数とは、所得の不平等度を表す指標で、0から1までの値をとる。0のときは社会のすべての人が同じ所得を得ている完全平等の状態である。1のときは社会の中で1人がすべての所得を独占している完全不平等の状態である。

ズムを抽出することは、まさに研究を行う者のセンスにかかっている。したがって、社会科学的な良いセンスを養うことが肝要である[*2]。

このセンスがあるかどうかはあるていど天性によるものだと考えられるが、センスを磨く方法もある。それは、ゲーム理論を用いた既存の研究を調べて、専門家がどのような現実をどのようにモデル化して分析しているのかを検討することである。言い換えれば、モデル構築のお手本を見つけることである。以下では、そのようなお手本をいくつか紹介しよう。

まずは、ゲーム理論をもっとも用いている経済学をみてみよう。経済学がもともと想定した市場では、無数の生産者と無数の消費者がいて、誰も商品の価格を決めることはできない。需要と供給の関係で価格が決まるだけである。しかし現実には、独占や寡占のように企業側の都合で価格が決まることも多い。第5項や第13項で紹介した複占モデルはこのような現実を分析するためのものである。さらに第16項で簡単に触れたが、全国チェーンのスーパーマーケットが地元スーパーマーケットが独占的に販売活動をしている都市に参入しようとしている状況は、独占から複占への移行が可能か否かという問題だと解釈することもできる。また第16項の注1で触れた就職市場のシグナリングモデルは労働市場の分析の1つである。

経営学でも、多くのゲーム理論的モデルが提案されている。たとえばプリンシパル（依頼人）－エージェント（代理人）問題というものがある[*3]。典型例は、株主と経営者の間で生じる問題である。株主は自分の代理として経営者に会社の経営を依頼する。経営者は

[*2] モデル構築一般については、Chales A. Lave and James G. March, 1975, *An Introduction to Models in the Social Sciences*, Harper & Row.（佐藤嘉倫・大澤定順・都築一治（訳），1991『社会科学のためのモデル入門』ハーベスト社.）参照。

[*3] プリンシパル－エージェント問題については、梶井厚志・松井彰彦, 2000『ミクロ経済学――戦略的アプローチ』日本評論社，第14章参照。

26 ゲーム理論の効用と応用

株主の代理人として経営に携わる。善良な経営者ならば、株主の利益を最大化するように会社の経営をする。しかし世の中、そのような経営者ばかりではない。株主に比べて自分の方が会社の経営に関する情報を多く持っていることを利用して、株主よりも自分の利益最大化を優先しようとする経営者もいる。このような状況で、株主は経営者が自分の利益ではなく株主の利益を最大化するように動機付けるためには、どのような契約を経営者と結べばよいのか。この状況は、株主と経営者をプレーヤーとする展開形ゲームとして分析することができる。

契約問題は法学のテーマでもあり、そこでもゲーム理論が活躍している。なぜ契約法があるのだろうか[*4]。1つの考えは、契約法によって当事者が裏切る可能性を防止する、というものである。たとえばリンゴを持っているAとミカンを持っているBがリンゴとミカンを交換する状況を考えよう。交換する前よりも交換した方がAもBも利得が高くなるとしよう。しかしAはリンゴを提供せずにBからミカンをもらう方がよいし、Bもミカンを提供せずにAからリンゴをもらう方がよい。つまり囚人のジレンマ状況にある。この問題を回避するために、裏切られた場合の問題解決手順を規定した契約法が存在する。しかし契約法が存在するといっても、実際に裏切られた場合に相手を訴訟するとかなりの費用がかかる。そうなると、AもBも契約を結ばないだろう。しかし進化ゲーム理論を用いることで、ある条件の下では、AもBも善良な契約者として相手を裏切らない状況が生じることが分かっている。

政治学では、国内政治の研究でも国際政治の研究でもゲーム理論

[*4] 契約に関する議論は、太田勝造, 2002「社会秩序とゲーム理論——弱肉強食の消費者契約からいかにして取引秩序が生まれるか」佐伯胖・亀田達也（編），『進化ゲームとその展開』共立出版. 参照。

が用いられている。国内政治では、なぜ二大政党制では政党の政策やイデオロギーが似たようなものになるのかという問題に関するモデルがよく知られている[*5]。このモデルは、政党は得票数を最大化することを目的とするという仮定から始まる。そうすると、(ある条件の下では) 結局は同じような政策をとることが両政党とも (相手の出方を考慮したうえで) 得票数が最大になる。そこから政策を変えると得票数が減るので、同じような政策をとることがナッシュ均衡になっている。

国際政治に関しては、外交関係を中心に興味深いモデルが提案されている。外交交渉では「はったり」をかますことが多い。それではなぜそのような「はったり」がまかり通るのだろうか[*6]。たとえば1973年の石油ショックのとき、アラブ産油国は日本に対して石油価格の引き上げと日本に対する生産量の削減を発表した。この発表を受けて、日本はアラブ寄りの姿勢を示すことになった。ところが実際には、日本向け石油は増加していたのである。またアラブ産油国は上記発表に対して日本がどのように対応するか確信はなかった。つまり石油政策は「はったり」だったのである。それでは、なぜ日本はこの「はったり」に引っかかってしまったのだろうか。アラブ

[*5] このモデルは A. ダウンズによって開発されたものである (Anthony Downs, 1957, *An Economic Theory of Democracy*, Harper & Row Publishers. (古田精司 (監訳), 1980『民主主義の経済理論』第8章, 成文堂.))。彼はナッシュ均衡などのゲーム理論の概念を用いた分析をしていないが、彼のモデルを同時手番ゲームとして読み替えることは可能である。興味深いことに、彼のモデルは、「なぜ生産者は同じような商品を作るのか」という問いを解くために T. ホテリングが1929年の論文 (Harold Hotelling, 1929, "Stability in Competition," *The Economic Journal*, vol. 39, no. 153, pp. 41-57.) で提示したモデルが出発点となっている。経済学・経営学のモデルが政治学の分析に応用された好例である。

[*6] この外交交渉のモデルについては、荒井功, 2004「なぜ外交交渉で『はったり』がまかり通るのか」土場学・小林盾・佐藤嘉倫・数土直紀・三隅一人・渡辺勉 (編),『社会を〈モデル〉でみる――数理社会学への招待』勁草書房, pp. 194-197参照。また外交政策は国内政治と無縁ではない。両者を同時に視野に入れた2層ゲームによる分析も興味深い。このゲームについては、石田淳, 1995「国内所得配分の対外政策効果」『理論と方法』第10巻第2号, pp. 133-146参照。

産油国は日本のタイプ（外交交渉で強気か弱気か）が分からず、日本もアラブ産油国のタイプ（強気か弱気か）が分からないという不完備情報ゲームを構築し、そのゲームの完全ベイジアン均衡を求めることで、この問いに対する解答を得ることができる。

　私が専門とする社会学でも、さまざまな研究領域でゲーム理論的モデルが開発されている。信頼の研究に限っても、いくつかの興味深いモデルがある。第19項では、信頼する人が信頼される人のタイプが分からない状況をモデル化した。しかし現実には、このような一方的な信頼だけでなく、互いが互いを信頼するという相互信頼関係も多くある。個人が個人から中古車を買う状況を考えよう。買い手は「この人はちゃんとした車を売ってくれる人だ」と売り手を信頼する必要がある。さらに、売り手も「この人は試運転の途中で車を持ち逃げしたり、買うときに偽札を使ったりしない人だ」と買い手を信頼する必要がある。このような相互信頼が成立することで中古車の売買が成立する。この状況は、買い手と売り手が相互に相手のタイプが分からない不完備情報ゲームとしてモデル化できる[*7]。また信頼する人と信頼される人が社会的なネットワークに組み込まれると、信頼される人の行動が人々の評判になり、信頼される人の裏切り行動を抑制する可能性がある。しかし信頼される人が将来の取引をあまり重視しないならば（つまり第14項で解説した割引因子が小さいならば）、社会ネットワークの抑止効果は小さいだろう。社会ネットワークが抑止効果を発揮する条件を厳密に導き出すためには、やはりゲーム理論を用いた分析が必要になる[*8]。

---

*7　このモデルについては、Yoshimichi Sato, 2002, "Trust, Assurance, and Inequality: A Rational Choice Model of Mutual Trust", *Journal of Mathematical Sociology*, vol. 26, no. 1-2, pp. 1-16 参照。

*8　社会ネットワークを組み入れたゲーム理論的モデルについては、Vincent Buskens, 1998, "The Social Structure of Trust," *Social Networks* 20: 265-289 や Yoshimichi Sato, 1999, "Trust and Communication,"『理論と方法』第13巻第2号，pp. 155-168 を参照されたい。

引用文献

荒井功, 2004「なぜ外交交渉で『はったり』がまかり通るのか」土場学・小林盾・佐藤嘉倫・数土直紀・三隅一人・渡辺勉（編），『社会を〈モデル〉でみる——数理社会学への招待』勁草書房.

Axelrod, Robert M., *The Evolution of Cooperation*, Basic Books. (松田裕之（訳），1998『つきあい方の科学——バクテリアから国際関係まで』ミネルヴァ書房.)

Bacharach, Michael and Diego Gambetta, 2001, "Trust in Signs," Karen S. Cook (ed.), *Trust in Society*, Russell Sage Foundation.

Buskens, Vincent, 1998, "The Social Structure of Trust," *Social Networks*, 20: 265-289.

Coleman, James S., 1990, *Foundations of Social Theory*, The Belknap Press of Harvard University Press. (久慈利武（監訳），2004-2006『社会理論の基礎（上）（下）』青木書店.)

Dawes, Robyn M., 1980, "Social Dilemmas," *Annual Review of Psychology*, 31: 169-193.

土場学・篠木幹子（編著），2008『個人と社会の相克——社会的ジレンマ・アプローチの可能性』ミネルヴァ書房.

Downs, Anthony, 1957, *An Economic Theory of Democracy*, Harper & Row Publishers.

Gibbons, Robert, 1992, *Game Theory for Applied Economists*, Princeton University Press. (福岡正夫・須田伸一（訳），1995『経済学のためのゲーム理論入門』創文社.)

Gintis, Herbert, 2000, *Game Theory Evolving: A Problem-Centered Introduction to Modeling Strategic Interaction*, Princeton University Press.

Hotelling, Harold, 1929, "Stability in Competition," *The Economic Journal*, 39(153): 41-57.

石田淳, 1995「国内所得配分の対外政策効果」『理論と方法』10(2): 133-146.

石原英樹・金井雅之, 2002『進化的意思決定』朝倉書店.

梶井厚志・松井彰彦, 2000『ミクロ経済学 戦略的アプローチ』日本評論社.

Kandori, Michihiro, George J. Mailath, and Rafael Rob, 1993, "Learning, Mutation, and Long Run Equilibria in Games," *Econometrica*, 61: 29-56.

木村邦博, 2002『大集団のジレンマ——集合行為と集団規模の数理』ミネルヴァ書房.

Lave, Charles A. and James G. March, 1975, *An Introduction to Models in the Social Sciences*, Harper & Row. (佐藤嘉倫・大澤定順・都築一治 (訳), 1991『社会科学のためのモデル入門』ハーベスト社.)

丸田利昌, 1999「進化ゲーム」『数理科学』No. 437: 56-65.

Maynard Smith, John, 1982, *Evolution and the Theory of Games*, Cambridge University Press. (寺本英・梯正之 (訳), 1985『進化とゲーム理論——闘争の論理』産業図書.)

武藤滋夫, 2001『ゲーム理論入門』日本経済新聞社.

Olson, Mancur, 1965, *The Logic of Collective Action: Public Goods and the Theory of Group*, Harvard University Press. (依田博・森脇俊雅 (訳), 1996『集合行為論——公共財と集団理論』(新装版) ミネルヴァ書房.)

太田勝造, 2002「社会秩序とゲーム理論——弱肉強食の消費者契約からいかにして取引秩序が生まれるか」佐伯胖・亀田達也 (編), 『進化ゲームとその展開』共立出版.

Pruitt, Dean G. and Melvin J. Kimmel, 1977, "Twenty Years of Experimental Gaming: Critique, Synthesis, Suggestions for the Future," *Annual Review of Psychology*, 28: 363-392.

佐藤嘉倫, 1998『意図的社会変動の理論——合理的選択理論による分析』東京大学出版会.

Sato, Yoshimichi, 1999, "Trust and Communication," 『理論と方法』13(2): 155-168.

Sato, Yoshimichi, 2002, "Trust, Assurance, and Inequality: A Rational Choice Model of Mutual Trust," *Journal of Mathematical Sociology*, 26 (1-2): 1-16.

佐藤嘉倫, 2008「社会関係資本の光と影」土場学・篠木幹子（編著），『個人と社会の相克——社会的ジレンマ・アプローチの可能性』ミネルヴァ書房.

盛山和夫・海野道郎（編），1991『秩序問題と社会的ジレンマ』ハーベスト社.

山岸俊男，2000『社会的ジレンマ——「環境破壊」から「いじめ」まで』PHP研究所.

Young, H. Peyton, 1993, "The Evolution of Conventions," *Econometrica*, 61: 57-84.

読書案内

1. ゲーム理論の考え方

本書を読んだ上で、ゲーム理論の考え方を短時間で復習するには、次の3つの論文が参考になる。

佐藤嘉倫, 2005「社会分析の道具としてのゲーム理論」数土直紀・今田高俊（編）『数理社会学入門』勁草書房.
神取道宏, 1994「ゲーム理論による経済学の静かな革命」岩井克人・伊藤元重（編）『現代の経済理論』東京大学出版会.
丸田利昌, 1999「進化ゲーム」『数理科学』437号, pp.56-65.

佐藤の論文は、調整ゲームを題材にして、純粋戦略ナッシュ均衡と混合戦略ナッシュ均衡の求め方、レプリケーター・ダイナミクスを用いた漸近安定均衡の求め方、漸近安定均衡と進化的安定戦略との関係についてまとめてある。神取の論文は、ナッシュ均衡に関する深い洞察とゲーム理論が経済学に及ぼした大きな影響が示されている。丸田の論文は、確率進化ゲーム理論の分かりやすい解説である。

2. 初中級教科書

ゲーム理論の教科書は数多く出版されているが、自分に合った教科書を選ぶことが大切である。私の経験では、ざっと見て、書かれている内容の6～7割は既に自分が知っていることで、残りの3～4割が自分にとって新しいことが書かれている教科書だと、あまり苦労せずに読み進めることができるし、ゲーム理論の進んだ知識も獲得できる。この案内では、本書を読み終えた人が次に読むべき本に焦点を絞って紹介する。

本書でもたびたび言及したが、本書を読み終えた後に読むべき教科書とし

ては次の 2 つが薦められる。

武藤滋夫, 2001 『ゲーム理論入門』日本経済新聞社.
ロバート・ギボンズ, 福岡正夫・須田伸一 (訳), 1995 『経済学のためのゲーム理論入門』創文社.

　武藤の本はゲーム理論の基礎が体系的に、そして丁寧に書かれているので、本書で得た知識をより体系化するのに役立つ。ギボンズの本は、武藤よりもやや進んだ内容であり、この本の内容を修得すれば、自分でゲーム理論を用いた分析を進めることができるだろう。
　この他にも本書と同レベルか少し上のレベルの教科書として、次の本をあげることができる。それぞれ著者の個性が反映されているので、手にとって自分に合ったものを選ぶとよいだろう。なお梶井・松井、神戸、西島の本は、ゲーム理論の経済学・経営学への応用も学ぶことができる。

岡田章, 2008 『ゲーム理論・入門——人間社会の理解のために』有斐閣.
中山幹夫, 1997 『はじめてのゲーム理論』有斐閣.
中山幹夫, 2005 『社会的ゲームの理論入門』勁草書房.
佐々木宏夫, 2003 『入門ゲーム理論——戦略的思考の科学』日本評論社.
渡辺隆裕, 2008 『ゼミナール　ゲーム理論入門』日本経済新聞出版社.
梶井厚志・松井彰彦, 2000 『ミクロ経済学——戦略的アプローチ』日本評論社.
神戸伸輔, 2004 『入門ゲーム理論と情報の経済学』日本評論社.
西島益幸, 1998 『企業の経済学』サイエンス社.

　また次の本は、中級というよりも上級教科書といえる。この本の内容を理解したならば、自信を持って自分でモデルを構築することができるだろう。

岡田章, 1997 『ゲーム理論』有斐閣.

3. 協力ゲーム

はしがきでも述べたように、本書では協力ゲームは扱っていない。上記教科書でも協力ゲームに関する章があるので、それらの章を読んで学ぶことができる。また次の本はたいへんよくまとまった協力ゲームの解説書である。

中山幹夫・船木由喜彦・武藤滋夫, 2008『協力ゲーム理論』勁草書房.

4. 進化ゲーム理論

進化ゲーム理論の入門レベル解説書として次の本をあげることができる。

大浦宏邦, 2007『人間行動に潜むジレンマ——自分勝手はやめられない？』化学同人.

より高度な解説書としては、次の3冊がある。

大浦宏邦, 2008『社会科学者のための進化ゲーム理論——基礎から応用まで』勁草書房.
石原英樹・金井雅之, 2002『進化的意思決定』朝倉書店.
J. W. ウェイブル, 大和瀬達二（監訳）, 三澤哲也ほか（訳）1998『進化ゲームの理論』オフィスカノウチ.

5. 問題集

ゲーム理論は自分でモデルを作ってそれを解くことで身につくものである。したがって多くの問題を解くことが、ゲーム理論を理解するための近道ともいえる。上記の教科書にもいろいろな問題が収録されているが、次の本はゲーム理論の問題集という特色ある教科書である。

船木由喜彦, 2004『演習ゲーム理論』サイエンス社.

6. さまざまな研究領域におけるゲーム理論

あまり教科書ばかり読んでいても、自分でゲーム理論を用いた研究をする

ことはできない。自分の専門分野でゲーム理論を用いた論文や本を読むことが必要である。ここでは、このような視点からいくつかの本を紹介する。

次にあげる中山・武藤・船木の本は、現実の社会現象を比較的分かりやすいモデルで解明した論文を集めている。今井・岡田の2冊は、タイトルどおりゲーム理論の新たな展開と応用に関する論文を集めたものである。また佐伯・亀田の本は、さまざまな研究テーマで進化ゲームを用いた論文が収められている。どの本もすべての論文を読む必要はなく、自分の関心に合った論文を精読して、対象となる現象からモデルを構築する方法やモデルの解き方を理解するのがよいだろう。

中山幹夫・武藤滋夫・船木由喜彦（編），2000『ゲーム理論で解く』有斐閣．
今井晴雄・岡田章（編著），2002『ゲーム理論の新展開』勁草書房．
今井晴雄・岡田章（編著），2005『ゲーム理論の応用』勁草書房．
佐伯胖・亀田達也（編著），2002『進化ゲームとその展開』共立出版．

法学では、「法と経済」という研究領域でゲーム理論を用いた研究が盛んになされている。次の本の著者はこの研究の中心的な推進者の1人である。

太田勝造，2000『法律』東京大学出版会．

次の本は、政治学、とりわけ国際政治に関するゲーム理論応用の本である。

荒井功，1998『国際関係の戦略とパワー構造』成文堂．

慣習、規範、制度は、社会科学における中心的な研究テーマである。とりわけ社会学がこれらの現象に関心を払ってきた。しかし次の2冊は経済学者によるゲーム理論的な分析であり、その内容は示唆に富む。

松井彰彦，2002『慣習と規範の経済学』東洋経済新報社．
青木昌彦・奥野正寛（編著），1996『経済システムの比較制度分析』東京大学出版会．

社会学でもゲーム理論を用いた研究が多くなされている。次の本では、さまざまなテーマのゲーム理論的モデルや数理モデルが紹介されている。自分の興味のあるテーマを読んで、そこで紹介されている参考文献を読むことで理解が深まる。

土場学・小林盾・佐藤嘉倫・数土直紀・三隅一人・渡辺勉（編），2004『社会を〈モデル〉でみる——数理社会学への招待』勁草書房.

人名索引

A

青木昌彦　178
荒井功　169, 178
Axelrod, Robert M.　90

B

Bacharach, Michael　119
Buskens, Vincent　170

C

Coleman, James S.　72

D

Dawes, Robyn M.　41
土場学　44, 179
Downs, Anthony　169

F

船木由喜彦　177, 178

G

Gambetta, Diego　119
Gibbons, Robert　17, 96, 98, 101, 103, 131, 176
Gintis, Herbert　36, 38

H

Hotelling, Harold　169

I

今井晴雄　178
石田淳　169
石原英樹　141, 147, 177

K

梶井厚志　167, 176
亀田達也　178
金井雅之　141, 147, 177
神戸信輔　176
Kandori, Michihiro（神取道宏）　157, 158, 175
Kimmel, Melvin J.　81
木村邦博　45
小林盾　179

L

Lave, Chales A.　167

M

Mailath, George J.　158
March, James G.　167
丸田利昌　158, 175
松井彰彦　167, 176, 178
Maynard Smith, John　137
三隅一人　179
武藤滋夫　29, 58, 99, 101, 176, 177, 178

N
中山幹夫　176, 177, 178
Nash, John Forbes Jr.　7, 17
西島益幸　176

O
岡田章　176, 178
奥野正寛　178
Olson, Mancur　45
太田勝造　168, 178
大浦宏邦　177

P
Pareto, Vilfredo Frederico Damaso　12
Parsons, Talcott　6
Pruitt, Dean G.　81

R
Rob, Rafael　158

S
佐伯胖　178
佐藤嘉倫(Sato Yoshimichi)　49, 96, 170, 175, 179
盛山和夫　44
佐々木宏夫　176
篠木幹子　44
Spence, A. M.　98
数土直紀　179

U
海野道郎　44

W
渡辺隆裕　176
渡辺勉　179
Weibull, Jorgen W.　177

Y
山岸俊男　44
Young, Peyton H.　158

事項索引

あ

後出しジャンケン（ゲーム） 53, 62, 80, 106
位相図 153
後ろ向き合理性 138
エージェント 136, 137
枝 54
エラー 157
All-C 戦略 89
All-D 戦略 89

か

価格競争 34
学習 138
確率進化ゲーム 157
確率進化ゲーム理論 156-164
加重平均 94
環境問題 40, 44
完全情報 59
完全情報ゲーム 57, 59, 99
完全ベイジアン均衡 102, 103-109, 130
完備情報 59
完備情報ゲーム 99
KISS 原理 166
期待利得 19
逆向き帰納法 62, 85
狭義ナッシュ均衡 147
共有知識 100
均衡 7-13

均衡経路 64
均衡戦略 104, 108, 109
偶然手番 101
繰り返しゲーム 81-86
経営学 167
経済学 167
結果 54
ゲームツリー 53, 54
公共財供給問題 45-49
行動（action） 54
効用 4
合理性 136
国際政治 169
個体 136, 137
コミットメント 65
混合戦略 14-17, 55-56
混合戦略ナッシュ均衡 18-25

さ

最適反応 18, 139, 162-163
最適反応関数 18
最適反応曲線 21
サブゲーム 60
シグナリングゲーム 100, 119-129
シグナリングモデル 98, 167
シグナル 98, 119
事後確率 106
自己複製子 149
自然（nature） 101, 102
事前確率 106

自然選択 139, 149
実現可能な利得集合 93, 95
しっぺがえし戦略 89
私的情報 100
ジニ係数 166
支配される戦略 35
社会学 170
社会関係資本 96
社会的ジレンマ 40-44, 45
社会ネットワーク 170
囚人のジレンマ（ゲーム） 32-39, 81, 87, 142, 165
純粋戦略 14-17
将棋 55
情報集合 56, 59
情報不完備なゲーム 99
進化ゲーム 11
進化ゲーム理論 136-139
進化的安定戦略 140-148
進化的均衡 153
信念 103, 108-109, 115
信念形成過程 103
信用できない脅し 66-71, 130-134
信頼ゲーム 72-75, 104, 119, 170
信頼の不完備情報ゲーム 114-118
推移確率行列 160
政治学 168, 169
精緻化（refine） 70, 103
生物進化過程 137
ゼロ和ゲーム 54
漸近安定均衡 153, 161
選択ミス 160
戦略 2, 52, 54, 111, 136, 140
戦略型ゲーム 52
戦略プロファイル 3
戦略分布の時間的変化 138

相互協力（関係） 34, 96
相互非協力（関係） 34, 96

た
対称ゲーム 142
タイプ（プレーヤーの） 100
ただ乗り 45
段階ゲーム 82
チキンゲーム 2, 8, 56, 57, 61, 64, 66
逐次合理性 103, 111
chance 101
長期的均衡 162
調整ゲーム 10, 23, 24, 143, 149, 159
強く支配される戦略 35
定常分布 161
デートゲーム 98, 104, 110
デートの不完備情報ゲーム 110-113
展開型ゲーム 35, 52-59
投影 105
同時手番ゲーム 52
同時手番のチキンゲーム 56, 60, 66
独占と複占 79
突然変異 137, 140, 153, 160-161
トリガー戦略 88, 90

な
ナッシュ均衡 6, 7-13, 60, 70, 103
ナッシュ均衡と部分ゲーム完全ナッシュ均衡の関係 71
ナッシュの定理 8
2層ゲーム 169
ノイズ 157
ノード 54, 59

は
橋架けゲーム 45

パレート改善　12
パレート最適　12
非ゼロ和ゲーム　54
微分方程式　150
ファッションゲーム　14, 18
フォーク定理　90, 93, 96
フォロワー　14
不完全情報　59
不完全情報ゲーム　57, 59, 99
不完備情報　59
不完備情報ゲーム　98-102, 110-113
複数均衡問題　12, 96, 164
複占　27, 76-80
不動点　152
部分ゲーム　60
部分ゲーム完全ナッシュ均衡　60-65, 70, 102, 103, 130
フリーライダー　45, 49
プレーヤー　2
平均利得　93
ベイジアン均衡　101
ベイジアン・ゲーム　99
ベイズの公式　103, 106
法学　168

ま
前向き合理性　138

マルコフ連鎖　160
無限回繰り返しゲーム　87-96
目標／期待理論　81
モデル　165

や
揺らぎ　157, 160
弱く支配される戦略　37

ら
離散型戦略　26-31, 76
離散型戦略の混合戦略　27
リスク　72
リーダー　14
利得　4
利得関数　41
利得行列　4
流行現象　14
履歴　88
レプリケーター・ダイナミクス　149-155, 156, 157, 161, 164
連続型戦略　26-31, 76
連続型戦略の混合戦略　27

わ
割引因子　82

著者紹介

佐藤嘉倫（さとう よしみち）
1957年 東京生まれ
1982年 東京大学文学部卒業
1987年 東京大学大学院社会学研究科単位取得退学
1997年 東北大学博士（文学）
現　在 東北大学大学院文学研究科教授（ディスティングイッシュト・プロフェッサー）
専門は，ゲーム理論やコンピュータ・シミュレーションを用いた社会変動や信頼の研究と社会調査データに基づいた社会階層研究。
著　書 *Intentional Social Change : A Rational Choice Theory*, Trans Pacific Press, 2006.

ワードマップ
ゲーム理論
人間と社会の複雑な関係を解く

初版第 1 刷発行　2008年11月10日
初版第 2 刷発行　2015年10月20日

　　著　者　佐藤嘉倫
　　発行者　塩浦　暲
　　発行所　株式会社 新曜社

〒101-0051
東京都千代田区神田神保町3-9　第一丸三ビル
電話　03(3264)4973・FAX　03(3239)2958
E-mail: info@shin-yo-sha.co.jp
URL: http://www.shin-yo-sha.co.jp/

　　印刷・製本　株式会社 栄　光

©Yoshimichi Sato, 2008　Printed in Japan
ISBN978-4-7885-1135-4　C1036

■新曜社の関連書から■

安田雪著
実践ネットワーク分析 関係を解く理論と技法　　Ａ５判200頁／2400円

ハンス・ザイゼル著／佐藤郁哉訳／海野道郎解説
数字で語る 社会統計学入門　　Ａ５判320頁／2500円

田中敏著
実践 心理データ解析 改訂版　　Ａ５判376頁／3300円

ジェフ・ペイン，ジュディ・ペイン著／高坂健次他訳
キーコンセプト ソーシャルリサーチ　　Ａ５判292頁／2700円

ロナルド・S. バート／安田雪訳
競争の社会的構造 構造的空隙の理論　　Ａ５判336頁／4600円

舘岡康雄著
利他性の経済学 支援が必然となる時代へ　　四六判304頁／2800円

R. エマーソン，R. フレッツ，L. ショウ著／佐藤郁哉・好井裕明・山田富秋訳
方法としてのフィールドノート 現地取材から物語(ストーリー)作成まで　　四六判544頁／3800円

佐藤郁哉著
QDAソフトを活用する 実践 質的データ分析入門　　Ａ５判176頁／1800円

明日に向かって私たちの認識地図を一変する!!
　　シリーズ"ワードマップ"から

安田雪著
ネットワーク分析 何が行為を決定するか　　四六判256頁／2200円

鈴木聡志著
会話分析・ディスコース分析 ことばの織りなす世界を読み解く　　四六判234頁／2000円

前田泰樹・水川喜文・岡田光弘編
エスノメソドロジー 人びとの実践から学ぶ　　四六判328頁／2400円

無藤隆・やまだようこ・南博文・麻生武・サトウタツヤ編
質的心理学 創造的に活用するコツ　　四六判288頁／2200円

戈木クレイグヒル滋子著
グラウンデッド・セオリー・アプローチ 理論を生みだすまで　　四六判200頁／1800円

佐藤郁哉著
フィールドワーク 増訂版 書を持って街へ出よう　四六判320頁／2200円

（表示価格は税抜きです）